監修 弦巻 桂一
（鎌倉女子大学中等部・高等部　英語科教諭）

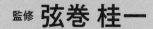

JN039628

高
7日間完成

塾で教わる

中学3年分
の総復習

英語

KADOKAWA

は じ め に

高校入試の攻略にあたって

Nothing is impossible.

公立高校入試は，教科書の内容を逸脱することはありません。しかも，6種類の検定教科書で，共通に扱われた文法項目からしか出題されないので，出題範囲はさらに絞られます。使用される英単語も，もちろん教科書の範囲からですし，未知の単語には注釈がつくか，前後関係で意味を想像できるように工夫がされています。だから，中1から中3までの基本文法と英単語を復習し，和訳が頭に浮かぶまで教科書本文を繰り返し音読すれば，合格に必要な得点をとることは誰にでも可能なのです。

この本を有効活用する方法

The first step is always the hardest.

"入試にトライ"を軽い気持ちで解いてみてください。正解できた人は，解答の根拠を頭の中で考えてください。間違えた人は，なぜこの正解になるのか考えてみてください。正解の根拠がわからない限り，常に"カン"で解けた状態であり，それではいつまでたっても実力がついたことになりません。この本の目的は，この解答の根拠が口で言えるまで理解することです。この本は，余計なものを取り除いた基本的な英文で構成されています。STEPを進めることで，正解の根拠がわかるようになっています。本を汚すことを気にせず，遠慮なく答えを書き込み，間違ったところは赤ペンで直し，正解の理由などは余白に書いて，蛍光ペンでマーキングし，自分だけの特別なテキストを作るつもりで使用してください。

合格に向けて

Practice makes perfect.

英文を読んだときに，瞬時に和訳が頭に浮かぶ状態がゴールです。最初はDAY 7まで，時間がかかるかもしれませんが，2周目，3周目と各DAYを音読するうちに，短時間で読み切れるようになります。この練習を繰り返すことで，合格はもちろんのこと，高校に入ったあとに，他の生徒よりも英文が書けたり，リスニングが聞き取れたり，思っていることが英文で言えたりすることに気づくはずです。みなさんは歌を覚えるときに必ず歌いますよね。英語も同じです。声に出さない限り英語をマスターすることはできません。英語の達人は素直に英語の音読を続けた人たちです。この本を繰り返し音読し，入試当日にはテスト前に再読し合格答案を作り上げてください。

監修 弦巻桂一

この 本 の 使 い 方

この本は7日間で中学校で習う内容の本当に重要なところを，ざっと総復習できるようになっています。試験場で見返して，すぐに役立つような重要事項もまとめています。
この本は，各DAYごとに，STEP 1〜5で構成されています。

STEP 1	**入試にトライ**	入試問題に取り組んで，実力を確認しましょう。
STEP 2	**ポイント**	このテーマのポイントをおさらいしましょう。
STEP 3	**基本問題**	基本的な事項を押さえられているか確認しましょう。
STEP 4	**練習問題**	少し難易度が高い問題にチャレンジしましょう。
STEP 5	**混合問題**	この回などで触れた複数の単元にあわせて取り組みましょう。
STEP 5 の後の重要事項		頻出の重要表現などを学びましょう。
別冊	**解答・解説**	基本問題，練習問題，混合問題の解答と解説が載っています。

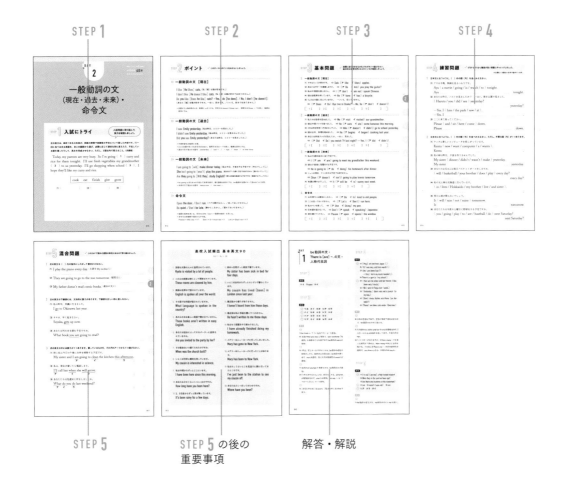

STEP 1　STEP 2　STEP 3　STEP 4

STEP 5　STEP 5 の後の
重要事項　解答・解説

CONTENTS

はじめに……………………………………………………………………… 002
この本の使い方……………………………………………………………… 003
特典の使い方………………………………………………………………… 005
英文読解の原則10…………………………………………………………… 006

DAY 1 be動詞の文・There is [are] ～. の文・
人称代名詞…………………………………………………………… 007
高校入試頻出 基本英文90 DAY 1 No.1-20……………………………… 012

DAY 2 一般動詞の文（現在・過去・未来）・命令文…………… 013
高校入試頻出 基本英文90 DAY 2 No.21-40……………………………… 018

DAY 3 助動詞・いろいろな動詞………………………………………… 019
高校入試頻出 基本英文90 DAY 3 No.41-60……………………………… 024

DAY 4 進行形・受け身・現在完了形………………………………… 025
高校入試頻出 基本英文90 DAY 4 No.61-80……………………………… 030

DAY 5 比較の文・接続詞・仮定法・間接疑問…………………… 031
高校入試頻出 基本英文90 DAY 5 No.81-90……………………………… 036

DAY 6 不定詞・動名詞………………………………………………… 037
正誤問題対策 DAY 6 No. 1-9……………………………………………… 042

DAY 7 後置修飾・関係代名詞………………………………………… 043
正誤問題対策 DAY 7 No. 10-18…………………………………………… 048

入試実戦…………………………………………………………………… 049
入試実戦1回目……………………………………………………………… 050
入試実戦2回目……………………………………………………………… 052
入試実戦3回目……………………………………………………………… 054
入試実戦4回目……………………………………………………………… 056

巻末資料
語順整序対策（英作文version）…………………………………………… 058
形容詞・副詞の比較変化表………………………………………………… 061
不規則動詞変化表…………………………………………………………… 062

〔本書に掲載している入試問題について〕
※本書に掲載している入試問題の解説は，KADOKAWAが作成した本書独自のものです。
※本書に掲載している入試問題の解答は，基本的に，学校・教育委員会が発表した公式解答ではなく，本書独自のものです。

装丁／chichols　編集協力／エデュ・プラニング合同会社　校正／株式会社鷗来堂　組版／株式会社フォレスト

特 典 の 使 い 方

ミニブックの活用方法

この本についている直前対策ミニブックには，重要語句や重要表現を載せています。

「重要単語30」と「重要熟語など30」は，日本語と英語の両方を覚えましょう。

「重要英作文10」と「会話表現45選」は，日本語の文章を見て，英語の文章や表現を書けるようにしましょう。

ミニブックは，切り取り線に沿って，はさみなどで切り取りましょう。

	会話表現45選❶　買い物・パーティ編
1	お手伝いしましょうか？（日本語の「いらっしゃいませ」）
2	他に何かほしいですか？
3	試着してもいいですか？
4	いかがですか（気に入りましたか）？
5	もっと小さいの［大きいの］をお持ちしましょうか？
6	別のものを見せてくださいませんか？
7	私には高すぎます。
8	それをもらいます（それを買います）。
9	どうぞご自由にお食べください。
10	ケーキをもう一切れいかがですか？
11	楽しそうですね。
12	そうしたいです。
13	もう少しどうですか？
14	お水をいただけますか？
15	塩を取っていただけますか？

009

	会話表現45選❶　買い物・パーティ編（英語）
1	Can [May] I help you?
2	Would you like anything else?
3	May [Can] I try it on?
4	How do you like it?
5	Shall I bring you a smaller [bigger] one?
6	Could you show me another one?
7	It's too expensive for me.
8	I'll take it.
9	Please help yourself.
10	Would you like another piece of cake?
11	That sounds nice. | That'll be nice.
12	I'd like to. | I'd love to.
13	Would you like some more?
14	May [Can] I have some water?
15	Could [Would] you pass me the salt, please?

010

解きなおしPDFのダウンロード方法

この本をご購入いただいた方への特典として，この本のDAY 1～DAY 7において，書きこみができる部分の紙面のPDFデータを無料でダウンロードすることができます。記載されている注意事項をよくお読みになり，ダウンロードページへお進みください。下記のURLへアクセスいただくと，データを無料でダウンロードできます。「特典のダウンロードはこちら」という一文をクリックして，ユーザー名とパスワードをご入力のうえダウンロードし，ご利用ください。

https://www.kadokawa.co.jp/product/322303001386/
ユーザー名：sofukusyueigo
パスワード：sofukusyu-eigo7

〔注意事項〕
- パソコンからのダウンロードを推奨します。携帯電話・スマートフォンからのダウンロードはできません。
- ダウンロードページへのアクセスがうまくいかない場合は，お使いのブラウザが最新であるかどうかご確認ください。また，ダウンロードする前に，パソコンに十分な空き容量があることをご確認ください。
- フォルダは圧縮されていますので，解凍したうえでご利用ください。
- なお，本サービスは予告なく終了する場合がございます。あらかじめご了承ください。

英 文 読 解 の 原 則 １０

----

① 粗筋・大意（誰が，どうして，どうなった話か）をつかむように，全体を読み通す。（左上から右下へ。）
その上で「文章のテーマ」を読み取る。

② S+V（誰が＋どうした・何が＋なんだ）の関係をつかむ。
（よく分からないときはまずは動詞を探し，その動詞の主語を探す。）
固まりごと（前置詞・接続詞の前，長い主語と動詞の間など）で区切って，／（スラッシュ）を
入れながら左から右に読み進む。慣れれば必要ない。（「誰が＋する＋誰に＋何を＋どこで＋いつ」）

③ 具体例と意見を読み分ける。段落の初めに意見（主張），それを説明する具体例，
段落の最後にもう一度意見（言い換え）のパターンが多い。

④ 代名詞（I/he/it/they 等）が出てきたら，何を指しているのか具体的に置きかえる。
（そのコトってどんなコト？直前の名詞（単数・複数に留意）を探そう。）

⑤ 接続詞（and/but/or）が出てきたら，何と何がつながっているのか確かめる。
（接続詞のすぐ右にある形と同じものを見つける。）

----

⑥ 前置詞＋名詞など修飾部は（　）でくくる。（丁寧に訳すときは，後ろから前にひっかけていく。）

⑦ a と the の使い分けに注目する。
（a は初回，未知のもの。何でもいいからある一つのもの。
the は二回目，皆が知っているもの。以前話題に出た「その」もの。）
I have a dog.　　　　　　　　**The dog is white.**
There is a park in our city.　　**My grandfather always goes to the park.**

⑧ ３つの疑うこと。
1. It がきたら，形式主語（仮主語）と疑う。
2. make, find がきたら，第５文型（使役，知覚など）と疑う。
3. that がきたら，接続詞か関係代名詞と疑う。
・that 以下が完全な文なら接続詞。　　　**I know that she is good at playing tennis.**
・that 以下が不完全な文なら関係代名詞。**I know the girl that is good at playing tennis.**

⑨ 内容真偽の問いは，根拠を常に指摘できるようにする。
〇の場合，本文中のここに書いてあるとマーキングする。
×の場合，選択肢のこの部分がおかしいとマーキングする。

⑩ 最後は，常識。所詮，英文といえども人間の書いたもの。前後関係から類推できることがたくさんあるはず。
未知の単語は前後関係から推測すべし。
普段から筆者の主張・テーマを意識して様々なジャンルの文章を読むべし。特に新聞のコラム，特集，
近年必出の環境問題・異文化理解など予め日本語で読んでおくと，
同じような種類の英文を読むときに非常に役立つ。
その上で，気になる単語，未知の表現は常に辞書で調べる。
辞書や単語帳と友達になる！

DAY 1

be動詞の文・ There is [are] 〜. の文・ 人称代名詞

> 入試問題に取り組んで, 実力を確認しましょう。

(1) 次の日本語の文の内容と合うように, 英文中の (　　) 内のア〜ウから最も適しているものを1つ選び, 記号を答えなさい。〈大阪府〉

机の上のあれらのノートは彼女のものです。

Those notebooks on the table (　ア am　　イ are　　ウ is　) hers.

[　　　　]

(2) 次の対話文が成立するように, (　　) 内の語を最も適切な形に直しなさい。ただし, 1語で答えること。〈千葉県〉

A : There (be) many trees around here 20 years ago.
B : Really? We can only see tall buildings now.

[　　　　]

(3) 次の対話文が成立するように, (　　) に入る最も適切なものを, あとのア〜エから1つ選びなさい。〈宮城県〉

John : Who is the tall boy over there?
Kei : He is my brother, Kazuyuki. Everyone calls (　　) Kazu.
ア his　　イ him　　ウ we　　エ our

[　　　　]

>> be動詞の文

He is a student. (彼は生徒です。)

▶be動詞は主語と時制（過去・現在・未来）によって使い分ける（右図）。

● be動詞の短縮形　I am ⇨ I'm ／ you are ⇨ you're

　▶短縮形は使い方に注意。

● be動詞の否定文　He is not [isn't] a student. (彼は生徒で
はありません。)

　▶否定文はbe動詞のあとにnotをいれる。

● be動詞の疑問文　Is he a student? (彼は生徒ですか？)

　▶疑問文はbe動詞を主語の前に置く。

主語	現在形	過去形
I	am	was
3人称単数※	is	
You, We, They	are	were

※3人称単数とは, he, she, Emily, this bag などの私 (I) とあなた（you）以外の単数の人やもののこと

>> There is ［are］ ～. の文

There is a pen on the desk. (机の上にペンがあります。)

〈There is ［are］＋主語〉で,「～がある（いる）」という意味を表す。過去の文は, is ［are］を過去形の was ［were］にする。

● There is [are] ～. の否定文：There is **not** a pen on the desk. (机の上にペンはありません。)

● There is [are] ～. の疑問文：**Is there** a pen on the desk? (机の上にペンはありますか？)

>> 人称代名詞

This pen is mine. (このペンは私のものです。)

Our team is strong. (私たちのチームは強いです。)

▶人称・単数／複数・文中での働きによって形が変化する（下図）。

	単数				複数			
	～は	～の	～を [に]	～のもの	～は	～の	～を [に]	～のもの
1人称	I	my	me	mine	we	our	us	ours
2人称	you	your	you	yours	you	your	you	yours
3人称	he	his	him	his	they	their	them	theirs
	she	her	her	hers				
	it	its	it	-				

✓ 空欄に当てはまるものを,それぞれ1つ選びなさい。
基本的な事項を押さえられているか確認しましょう。

※文頭にくる語も小文字で始めています。

1 be 動詞の文

(1) 私は東京出身です。　⇨ I （　1　） from Tokyo.

(2) 彼は15歳です。　⇨ He （　2　） 15 years old.

(3) 私たちはテニス部です。　⇨ We （　3　） on the tennis team.

(4) 私は昨年，北海道にいました。　⇨ I （　4　） in Hokkaido last year.

(5) マイとアヤは先週末，私の家にいました。　⇨ Mai and Aya （　5　） at my house last weekend.

[
　ア was　イ is　ウ were　エ am　オ are
　1 [　　] 2 [　　] 3 [　　] 4 [　　] 5 [　　]
]

2 be 動詞の文

(1) 彼は医者ではありません。　⇨ He is （　1　） a doctor.

(2) 今朝，彼らは教室にいませんでした。　⇨ They （　2　） in the classroom this morning.

(3) ケン，あなたは今時間がありますか。　⇨ Ken, （　3　） you free now?

(4) 彼女は昨日，忙しかったですか。　―いいえ，忙しくありませんでした。

　⇨ （　4　） she busy yesterday?　―No, she （　5　）.

[
　ア was　イ not　ウ are　エ weren't　オ wasn't
　1 [　　] 2 [　　] 3 [　　] 4 [　　] 5 [　　]
]

3 There is [are] ～. の文

(1) テーブルの上に1個のオレンジがあります。　⇨ There （　1　） an orange on the table.

(2) 昨日，机の上にペンが1本ありました。　⇨ There （　2　） a pen on the desk yesterday.

(3) 壁には絵が1枚もありません。　⇨ There （　3　） any pictures on the wall.

(4) 壁にたくさんの絵がありますか。　⇨ （　4　） there a lot of pictures on the wall?

[
　ア is　イ are　ウ was　エ aren't
　1 [　　] 2 [　　] 3 [　　] 4 [　　]
]

4 人称代名詞

(1) 彼は私の弟です。　⇨ （　1　） is my brother.

(2) 佐藤先生は私たちの数学の先生です。　⇨ Mr. Sato is （　2　） math teacher.

(3) あなたは私たちを覚えていますか。　⇨ Do you remember （　3　）?

(4) このノートはあなたのものですか。　―はい，それは私のものです。

　⇨ Is this notebook （　4　）?　―Yes, it's （　5　）.

[
　ア he　イ our　ウ yours　エ us　オ mine
　1 [　　] 2 [　　] 3 [　　] 4 [　　] 5 [　　]
]

DAY
1
2
3
4
5
6
7

※文頭にくる語も小文字で始めています。

1 日本文に合うように，（　　）内の語句を並べかえなさい。

(1) 彼らは日本出身ではありません。

They (Japan / not / from / are).

They _____ .

(2) 先月はとても寒かったです。

It (cold / was / very / last month).

It _____ .

(3) あなたは彼を知っていますか？　―はい，彼は私の音楽の先生です。

Do (him / you / know)?

Do _____ ?

―Yes, (is / teacher / my / music / he).

―Yes, _____ .

(4) 私の学校には体育館があります。

(there / a gym / is / in) my school.

_____ my school.

2 日本文に合うように，（　　）内の語を並べかえなさい。ただし，不要な語が1語あります。

(1) 彼女たちは私の姉とその友達です。私は彼女たちのことがとても好きです。

They are my sister and her friend. I (like / very / her / them) much.

I _____ much.

(2) 私たちは先週，東京にいました。

We (in / were / are / last / Tokyo) week.

We _____ week.

(3) 昨日，私のかばんの中にはえんぴつがありませんでした。

Yesterday, (a / pencil / there / was / were / not) in my bag.

Yesterday, _____ in my bag.

(4) テーブルの上に何枚のお皿がありますか？

How (dishes / much / are / many / there) on the table?

How _____ on the table?

(5) あの木の下に3匹のネコがいます。

There (three / are / under / cats / is) that tree.

There _____ that tree.

STEP 5 混合問題 ✓ この回などで触れた複数の単元にあわせて取り組みましょう。

1 次の英文を（　）内の指示にしたがって書きかえなさい。

(1) I'm a high school student.（否定文に）

_____

(2) They were in the yard an hour ago.（疑問文に）

_____

(3) There are some students in the classroom.（疑問文に）

_____

2 次の英文の下線部には，文法的に誤りがあります。下線部を正しい形に直しなさい。

(1) 私たちはオーストラリア出身です。

We is from Australia.

(2) 私の兄は昨日，忙しくありませんでした。

My brother didn't busy yesterday.

(3) あなたの街にはいくつの図書館がありますか。

How many libraries is there in your town?

3 次の英文の中には誤りが1つあります。誤っているものを，それぞれア〜ウから1つ選びなさい。

(1) 私たちのチームには20人の男の子がいます。

There is 20 boys in our team.
　　　ア　　　イ　　　ウ
　　　　　　　　　　　　　　　　　　　　［　　　］

(2) あの赤い自転車は彼のものです。

That red bike is him.
　　　　　ア　　イ　ウ
　　　　　　　　　　　　　　　　　　　　［　　　］

(3) 木の下にいる2匹の犬は私のいとこのです。

The two dogs under the tree is my cousin's.
　　　　　　　ア　　　　　イ　　　　ウ
　　　　　　　　　　　　　　　　　　　　［　　　］

1. 京都は大勢の人々に訪問されています。
Kyoto is visited by a lot of people.

2. これらの部屋は彼によって掃除されています。
These rooms are cleaned by him.

3. 英語は世界中で話されています。
English is spoken all over the world.

4. その国では何語が話されていますか。
What language is spoken in the country?

5. あれらの本は易しい英語で書かれていません。
Those books aren't written in easy English.

6. あなたは彼女によってそのパーティに招待されていますか。
Are you invited to the party by her?

7. その教会はいつ建てられたのですか。
When was the church built?

8. いとこは科学に興味を持っています。
My cousin is interested in science.

9. 私は今朝からずっとここにいます。
I have been here since this morning.

10. あなたはどのくらいここにいるのですか。
How long have you been here?

11. 2，3日前からずっと雨が降っています。
It's been rainy for a few days.

12. 姉は4日間ずっと病気で寝ています。
My sister has been sick in bed for four days.

13. いとこは去年からずっとロンドンで暮らしています。
My cousin has lived [been] in London since last year.

14. 最近彼から便りがありません。
I haven't heard from him these days.

15. 最近彼は私に手紙を書いてくれません。
He hasn't written to me these days.

16. 私はもう宿題をやり終わりました。
I have already finished doing my homework.

17. メアリーはニューヨークに行ってしまいました。
Mary has gone to New York.

18. メアリーはニューヨークに行ったことがあります。
Mary has been to New York.

19. 私はちょうどいとこを見送りに駅に行ってきたところです。
I've just been to the station to see my cousin off.

20. あなたはどこへ行ってきたのですか。
Where have you been?

一般動詞の文
（現在・過去・未来）・
命令文

次の英文は，高校1年生の生徒が，英語の授業で放課後の予定について話した内容です。(1)〜(3)に当てはまる英語を，あとの語群から選び，必要に応じて適切な形に変えたり，不足している語を補ったりして，英文を完成させなさい。ただし，2語以内で答えること。〈兵庫県〉

Today, my parents are very busy. So I'm going（ **1** ）curry and rice for them tonight. I'll use fresh vegetables my grandmother（ **2** ）to us yesterday. I'll go shopping when school（ **3** ）. I hope they'll like my curry and rice.

cook eat finish give grow

(1) [   ]   (2) [   ]   (3) [   ]

>> 一般動詞の文 【現在】

I like [He likes] cats. (私 [彼] は猫が好きです。)

I don't like [He doesn't like] cats. (私 [彼] は猫が好きではありません。)

Do you like [Does he like] cats? —Yes, I do [he does]. / No, I don't [he doesn't].
(あなた [彼] は猫が好きですか。—はい，好きです。／いいえ，好きではありません。)

▶ 主語が3人称単数のとき，動詞に-sをつける。否定文はdoesn't [does not]，疑問文はDoes 〜 ?を使い，動詞は原形にする。

>> 一般動詞の文 【過去】

I saw Emily yesterday. (私は昨日，エミリーを見ました。)

I didn't see Emily yesterday. (私は昨日，エミリーを見ませんでした。)

Did you see Emily yesterday? (あなたは昨日，エミリーを見ましたか。)

▶ 不規則変化の動詞に注意。
▶ どんな主語であっても否定文はdidn't，疑問文はDid 〜 ?を使い，動詞は原形にする。
▶ 過去の文で使われる語句　yesterday ／ last 〜 ／ 〜 ago ／ then ／ at that time

>> 一般動詞の文 【未来】

I am going to [will] make dinner today. (私は今日，夕食を作る予定です [作るでしょう]。)

She isn't going to [won't] play the piano. (彼女はピアノを弾く予定ではありません [弾かないでしょう]。)

Are they going to [Will they] study English? (彼らは英語を勉強する予定ですか [勉強するでしょうか]。)

▶ be going toまたはwillを使って未来を表す。続く動詞は原形にする。be動詞が主語によって変わることに注意。
▶ 未来の文で使われる語句　tomorrow ／ the next 〜

>> 命令文

Open the door. / Don't run. (ドアを開けなさい。／走ってはいけません。)

Be quiet. / Don't be late. (静かにしなさい。／遅れてはいけません。)

▶ 動詞の原形を用いる。否定のときは〈don't ＋動詞の原形〉を用いる。
▶ 命令文は助動詞で書きかえが可能。
　 Please ＝ Will you ＋ V ?　　　Don't ＝ S ＋ must not ＋ V　　　Let's ＝ Shall we ＋ V ?

1 一般動詞の文【現在】 --------------------------------

(1) サキはリンゴが好きです。　⇨ Saki（ア like　イ likes）apples.

(2) あなたはギターを演奏しますか。　⇨（ア Do　イ Are）you play the guitar?

(3) 私は中国語を話しません。　⇨ I（ア don't　イ am not）speak Chinese.

(4) 彼は自転車を持っています。　⇨ He（ア have　イ has）a bicycle.

(5) リョウは大阪に住んでいますか。　―いいえ，住んでいません。

　　⇨（ア Does　イ Do）Ryo live in Osaka? ―No, he（ア don't　イ doesn't）.

[1 [　　] 2 [　　] 3 [　　] 4 [　　] 5 [　　]]

2 一般動詞の文【過去】 --------------------------------

(1) 私たちは祖母を訪ねました。　⇨ We（ア visit　イ visited）our grandmother.

(2) 彼は今朝バナナを食べました。　⇨ He（ア eats　イ ate）some bananas this morning.

(3) ミキは昨日学校へ行きませんでした。　⇨ Miki（ア doesn't　イ didn't）go to school yesterday.

(4) 彼は去年，料理を始めました。　⇨ He（ア begins　イ began）cooking last year.

(5) あなたは昨夜テレビを見ましたか。―はい，見ました。

　　⇨（ア Did　イ Do）you watch TV last night? ―Yes, I（ア did　イ didn't）.

[1 [　　] 2 [　　] 3 [　　] 4 [　　] 5 [　　]]

3 一般動詞の文【未来】 --------------------------------

(1) 私は今週末祖父に会う予定です。

　　⇨ I（ア am　イ are）going to meet my grandfather this weekend.

(2) 彼は夕食後に宿題をする予定です。

　　⇨ He is going to（ア do　イ doing）his homework after dinner.

(3) シュンは明日，テニスをする予定ではありません。

　　⇨ Shun（ア doesn't　イ isn't）going to play tennis tomorrow.

(4) 来週は晴れるでしょう。　⇨ It（ア will be　イ is）sunny next week.

[1 [　　] 2 [　　] 3 [　　] 4 [　　]]

4 命令文 --------------------------------

(1) お年寄りには親切にしなさい。　⇨（ア Be　イ Is）kind to old people.

(2) ここは走ってはいけません。　⇨（ア Let's　イ Don't）run here.

(3) 私のペンを使って。　⇨（ア Use　イ Using）my pen.

(4) 日本語を話さないで。　⇨ Don't（ア speak　イ speaking）Japanese.

(5) 窓を開けてください。　⇨ Please（ア open　イ opens）the window.

[1 [　　] 2 [　　] 3 [　　] 4 [　　] 5 [　　]]

※文頭にくる語も小文字で始めています。

1 日本文に合うように，（　）内の語（句）を並べかえなさい。

(1) アヤは今晩，映画を見るつもりです。

Aya（ a movie / going / is / watch / to ）tonight.

Aya ＿＿＿＿＿＿＿＿＿＿＿＿＿＿＿＿＿＿＿＿＿ tonight.

(2) あなたは昨日，ハルトを見ましたか？　―はい。彼を公園で見ました。

（ Haruto / you / did / see ）yesterday?

＿＿＿＿＿＿＿＿＿＿＿＿＿＿＿＿＿＿＿＿＿ yesterday?

―Yes. I（ him / the park / saw / at ）.

―Yes. I ＿＿＿＿＿＿＿＿＿＿＿＿＿＿＿＿＿＿＿ .

(3) ここに来て座ってください。

Please（ and / sit / here / come ）down.

Please ＿＿＿＿＿＿＿＿＿＿＿＿＿＿＿＿＿＿＿ down.

2 日本文に合うように，（　）内の語（句）を並べかえなさい。ただし，不要な語（句）が1つあります。

(1) ケンタは新しいコンピュータを欲しがっています。

Kenta（ new / want / computer / a / wants ）.

Kenta ＿＿＿＿＿＿＿＿＿＿＿＿＿＿＿＿＿＿＿ .

(2) 私の姉は昨日，夕食を作りませんでした。

My sister（ dinner / didn't / wasn't / make ）yesterday.

My sister ＿＿＿＿＿＿＿＿＿＿＿＿＿＿＿＿＿＿＿ yesterday.

(3) あなたのお兄さんは毎日バスケットボールをしますか。

（ will / basketball / your brother / does / play ）every day?

＿＿＿＿＿＿＿＿＿＿＿＿＿＿＿＿＿＿＿＿＿ every day?

(4) 私の兄と姉は北海道に住んでいます。

（ in / lives / Hokkaido / my brother / live / and sister ）.

＿＿＿＿＿＿＿＿＿＿＿＿＿＿＿＿＿＿＿＿＿ .

(5) 明日は雨が降らないでしょう。

It（ will / rain / not / rains ）tomorrow.

It ＿＿＿＿＿＿＿＿＿＿＿＿＿＿＿＿＿＿＿＿＿ tomorrow.

(6) あなたたちは今度の土曜日に野球をする予定ですか。

（ you / going / play / to / are / baseball / do ）next Saturday?

＿＿＿＿＿＿＿＿＿＿＿＿＿＿＿＿＿＿＿＿＿ next Saturday?

1 次の英文を（　）内の指示にしたがって書きかえなさい。

(1) I play the piano every day.（主語を My mother に）

_____

(2) They are going to go to the zoo tomorrow.（疑問文に）

_____

(3) My father doesn't read comic books.（過去の文に）

_____

2 次の英文の下線部には，文法的に誤りがあります。下線部を正しい形に直しなさい。

(1) 私は昨年，沖縄に行きました。

I <u>go</u> to Okinawa last year.

_____

(2) サヤカ，早く起きなさい。

Sayaka, <u>gets</u> up now.

_____

(3) あなたは何の本を読む予定ですか。

What book <u>you are</u> going to read?

_____

3 次の英文の中には誤りが1つあります。誤っているものを，それぞれア～ウから1つ選びなさい。

(1) 姉と私は今日の午後に台所を掃除する予定です。

My sister and I <u>am</u> going to <u>clean</u> the kitchen <u>this afternoon</u>.
　　　　　　　　　ア　　　　　　イ　　　　　　　　　ウ　　　　［　　　］

(2) 私は，彼女が着いたら電話します。

<u>I'll call</u> her <u>when</u> she <u>will arrive</u>.
　ア　　　　　イ　　　　ウ　　　　　　　　　　　　　　［　　　］

(3) あなたたちは先週末に何をしましたか。

<u>What</u> <u>do</u> you <u>do</u> last weekend?
　ア　　イ　　　ウ　　　　　　　　　　　　　　　　　［　　　］

21. 私は傘を失くしてしまった（その結果，今持っていない）。

I've lost my umbrella.

22. 春が来ました。

Spring has come.

23. 私たちはその知らせに驚いた。

We were surprised at the news.

24. 彼女たちの名前は世界中の人々に知られています。

Their names are known to people around the world.

25. この家は木でできています。

This house is made of wood.

26. バターは牛乳でできている。

Butter is made from milk.

27. あなたは今までに外国に行ったことがありますか。

Have you ever been to foreign countries?

28. いいえ，私は一度もそこへ行ったことがありません。

No, I have never been there.

29. あなたは何回外国に行ったことがありますか。

How often have you been to foreign countries?

30. あなたは何度かその映画を見たことがありますよね。

You have seen the movie several times, haven't you?

31. サッカーをすることはとても楽しい。

To play soccer is a lot of fun.

32. 窓を閉めてくださいませんか。

Would you mind closing the window?

33. あなたの誕生日会に私たちをご招待いただきありがとうございます。

Thank you for inviting us to your birthday party.

34. 明日暇ならビーチへ泳ぎに行くのはどうですか。

How about going swimming at the beach if you are free tomorrow?

35. 彼女は何も言わずに部屋から出て行った。

She went out of the room without saying anything.

36. 失敗することを恐れるな。

Don't be afraid of making mistakes.

37. あなたにまたお会いできるのを楽しみにしています。

I'm looking forward to seeing you again.

38. お互いを理解することは私たちにとって大切なことです。

It is important for us to understand each other.

39. 英語で演説をするのはあなたにとって難しいことですか。

Is it difficult for you to make a speech in English?

40. 私は母に部屋を掃除してくれるように頼みました。

I asked my mother to clean my room.

助動詞・いろいろな動詞

STEP **1** **入試にトライ**

> 入試問題に取り組んで，
> 実力を確認しましょう。

(1) 次の日本語の文の内容と合うように，英文中の（　　）内のア〜ウから最も適しているものを1つ選びなさい。〈大阪府〉

ここで写真を撮ってもいいですか。
（ **ア** May　**イ** Must　**ウ** Will ）I take a picture here?　[　　　　]

(2) 次の文の（　　）に当てはまる最も適切なものを，ア〜エから1つ選びなさい。〈神奈川県〉
Talking to my friends always（　　　　）me happy.
（ **ア** make　**イ** makes　**ウ** feel　**エ** feels ）　　　　[　　　　]

(3) 次の対話文を完成させなさい。（　　）の中のア〜オを正しい語順に並べかえ，その順序を符号で示しなさい。〈千葉県〉

A : Who introduced this book to you?
B : Roy did. It（ **ア** made　**イ** interested　**ウ** me　**エ** in
オ recycling ）.　　　　　　　[　　→　　→　　→　　→　　]

>> 助動詞

He **can** swim fast.（彼は速く泳げます。）
He **can't** swim fast.（彼は速く泳げません。）
Can he swim fast?（彼は速く泳げますか？）

助動詞	意味
can	～できる
must	～しなければならない
may	～してもよい ～かもしれない

● 助動詞は動詞の原形の前に置き，動詞に意味を加える。

● have [has] to の否定文と疑問文は，一般動詞と同様に do [does] を使う。

▶注意すべき時制・can には未来はない！

過去	現在	未来
could	can	なし
was [were] able to	is [am/are] able to	will be able to

▶注意すべき時制・must には過去も未来もない！

過去	現在	未来
なし	must	なし
had to	have [has] to	will have to

>> いろいろな動詞 【SVC】

She **looks** sad.（彼女は悲しそうです。）

● 主語と動詞のあとに C（＝補語）（※主語が何か，どうであるかを説明する名詞か形容詞）を続ける文。

▶look（見える），become（～になる），feel（感じる），sound（聞こえる）など

>> いろいろな動詞 【SVOO】

I'll **give** you this present.（私はこのプレゼントをあなたにあげます。）
＝I'll **give** this present to you. ※【SVO】に書きかえ可能

● 動詞のあとに目的語を2つ〈人＋もの〉続ける文。

▶give（与える），show（見せる），tell（話す），ask（たずねる），make（作る），buy（買う）など

>> いろいろな動詞 【SVOC】

We **call** the dog Kuro.（私たちはその犬をクロと呼びます。）

● 動詞のあとに目的語＋補語が続き，目的語＝補語の関係になる文（この補語は目的語が何か，どうであるかを説明する）。

▶call（呼ぶ），name（名づける），make（～にする）など

✓ 空欄や英文の訳に当てはまるものを,それぞれ1つ選びなさい。
基本的な事項を押さえられているか確認しましょう。

1 助動詞

(1) あなたはここで日本語を話してはいけません。

⇨ You (**ア** must **イ** will) not speak Japanese here.

(2) 私はあなたの電話を使ってもいいですか。 ⇨ (**ア** May I **イ** Can you) use your phone?

(3) 彼は今日宿題をしなければなりません。 ⇨ He (**ア** have to **イ** has to) do his homework today.

(4) 私たちはこの夏たくさんの本を読まないといけませんか。

⇨ Do we (**ア** have to **イ** must) read a lot of books this summer?

(5) 彼は学校に遅れるかもしれません。 ⇨ He (**ア** may **イ** must) be late for school.

[1 [   ] 2 [   ] 3 [   ] 4 [   ] 5 [   ]]

2 いろいろな動詞【SVC】

(1) This curry and rice looks delicious.

⇨ **ア** このカレーライスはおいしいです。 **イ** このカレーライスはおいしそうです。

(2) This singer became popular in Korea.

⇨ **ア** この歌手は韓国で人気が出ました。 **イ** この歌手は韓国で有名です。

[1 [   ] 2 [   ]]

3 いろいろな動詞【SVOO】

(1) 私は昨日,私の父へ新しいかばんをあげました。

⇨ I gave (**ア** my father a new bag **イ** a new bag my father) yesterday.

(2) カズキは私にたくさんの写真を見せてくれました。

⇨ Kazuki showed (**ア** my **イ** me) many pictures.

(3) 今日,私の祖母が私に夕食を作ってくれました。

⇨ My grandmother (**ア** made me dinner **イ** made dinner me) today.

(4) 母は私に新しいタオルをくれました。 ⇨ My mother gave a new towel (**ア** to **イ** for) me.

(5) 私は私の妹にえんぴつを買いました。 ⇨ I bought a pencil (**ア** to **イ** for) my sister.

[1 [   ] 2 [   ] 3 [   ] 4 [   ] 5 [   ]]

4 いろいろな動詞【SVOC】

(1) 私たちはそのネコをミケと名づけました。 ⇨ We (**ア** named the cat **イ** the cat named) Mike.

(2) ぼくの名前はカツノリです。カツと呼んでください。

⇨ My name is Katsunori. Please call (**ア** my **イ** me) Katsu.

(3) その知らせは私たちを幸せにしました。 ⇨ The news (**ア** was happy **イ** made us happy).

[1 [   ] 2 [   ] 3 [   ]]

DAY 3

※文頭にくる語も小文字ではじめています。

1 日本文に合うように，（　）内の語（句）を並べかえなさい。

(**1**) 私たちは土曜日に学校に行かなくてよいです。

We（ have / to / to / school / don't / go ）on Saturdays.

We _____ on Saturdays.

(**2**) この写真を見て。彼はとてもうれしそうです。

Look at this picture.（ looks / happy / he / very ）.

_____ .

(**3**) 今，美術館で特別展示をしています。―面白そうですね。

The museum has a special event now. ―（ interesting / sounds / that ）.

_____ .

(**4**) 私は私の友達に教科書を見せてあげました。

I（ my friend / showed / my textbook ）.

I _____ .

(**5**) 日本ではこの道具を何と呼びますか。

What（ in Japan / this / tool / call / you / do ）?

What _____ ?

2 日本文に合うように，（　）内の語（句）を並べかえなさい。ただし，不要な語（句）が1つあります。

(**1**) あなたはクッキーを食べすぎてはいけません。

You（ do / must / eat / not ）too many cookies.

You _____ too many cookies.

(**2**) どうしたのかな？　彼はとても悲しそうです。

What's wrong? He（ look / so / looks / sad ）.

What's wrong? He _____ .

(**3**) 加藤先生はいつも私たちに面白い話をしてくれます。

Mr. Kato（ interesting / us / tells / stories / our / always ）.

Mr. Kato _____ .

(**4**) 私は友達に手紙を送りました。

I（ my friend / sent / a letter / for / to ）.

I _____ .

(**5**) 彼の言葉は彼女を怒らせました。

His words（ her / she / made / angry ）.

His words _____ .

1 次の英文を（ ）内の指示にしたがって書きかえなさい。

(1) I have lunch here.（「〜してもいいですか」という文に）

_____

(2) She looks well.（否定文に）

_____

(3) I bought my mother some books.（for を使った文に）

_____

2 次の英文の下線部には, 文法的な誤りがあります。下線部を正しい形に直しなさい。

(1) モモは夕食後に皿を洗わなければなりません。

Momo <u>have</u> to wash the dishes after dinner.

_____

(2) 私の父は母に花をあげました。

My father gave some flowers <u>for</u> my mother.

_____

(3) 窓を開けてもいいですか。

<u>Must</u> I open the window?

_____

3 次の英文の中には誤りが1つあります。誤っているものを, それぞれア〜ウから1つ選びなさい。

(1) あなたは明日, 朝6時に起きなければなりませんか。

Do you <u>must</u> <u>get up</u> <u>at</u> six tomorrow morning?
　　　　ア　　　イ　　　ウ

[　]

(2) メニューを私に見せてください。

<u>Please</u> <u>show</u> <u>my</u> the menu.
　ア　　　イ　　ウ

[　]

(3) そのニュースで, 私はAIに興味を持ちました。

The news <u>made</u> <u>me</u> <u>interested</u> AI.
　　　　ア　　イ　　　ウ

[　]

41. 私はあなたに私と一緒にそこに行ってもらいたいと思っています。

I want you to go there with me.

42. あなたは次に何をしたら良いか知っていますか。

Do you know what to do next?

43. 最寄りの銀行への行き方を私に教えていただけませんか。

Would you tell me how to get to the nearest bank?

44. どのバスに乗ればいいのか私たちに教えてくれませんか。

Will you tell us which bus to take?

45. 父はあまりにも忙しくて昼食が取れません。

My father is too busy to have lunch.

46. 私はあまりにも疲れていたのでもう歩けなかった。

I was too tired to walk any more.

47. この本は私には難しすぎて読めません。

This book is too difficult for me to read.

48. これらのかばんはあの女性には重すぎて運べなかった。

These bags were too heavy for that lady to carry.

49. これらのかばんはあの女性には重すぎて運べなかった。

These bags were so heavy that that lady couldn't carry them.

50. どうやら今日は泳ぐには寒すぎます。

I'm afraid today is too cold to swim.

51. 彼女は新しい家を買えるほど金持ちです。

She is rich enough to buy a new house.

52. 彼はとても親切だったので私を家まで送ってくれました。

He was kind enough to take [drive] me home.

53. 叔母は私のことを時々メアリーと呼びます。

My aunt sometimes calls me Mary.

54. この写真のおかげで彼は大変有名になった。[この写真が彼を大変有名にした。]

This picture made him so famous.

55. 彼女の歌はいつも私たちを幸せにさせます。

Her song always makes us happy.

56. その知らせを聞いて私たちは驚いた。[その知らせは私たちを驚かせた。]

The news made us surprised.

57. この花を英語で何と呼びますか。

What do you call this flower in English?

58. 手をきれいにしておいたらどうですか。

Why don't you keep your hands clean?

59. 木の下で眠っているその少年は木下君です。

The boy sleeping under the tree is Mr. Kinoshita.

60. バスを待っているその少年たちはカナダ出身ですか。

Are the boys waiting for the bus from Canada?

進行形・受け身・現在完了形

STEP **1** **入試にトライ**

> 入試問題に取り組んで，
> 実力を確認しましょう。

(1) 次の日本語の文の内容と合うように，英文中の（　　）内のア〜ウから最も適しているものを1つ選びなさい。〈大阪府〉

私はその時，ダンスを練習していました。

I was（　**ア** practice　**イ** practiced　**ウ** practicing　）dance then.

[　　　　]

(2) 次の日本語の文の内容と合うように，英文中の（　　）内のア〜ウから最も適しているものを1つ選びなさい。〈大阪府〉

この本はいつ書かれましたか。

When was this book（　**ア** write　**イ** wrote　**ウ** written　）?

[　　　　]

(3) 次の文の（　　）の中に当てはまる最も適切なものを，あとのア〜エから1つ選びなさい。〈神奈川県〉

I have been reading this book（　　　　）10 o'clock this morning.

ア at　**イ** before　**ウ** for　**エ** since

[　　　　]

>> 進行形

He is [was] studying math. （彼は数学を勉強しています [していました]。）

He isn't [wasn't] studying math. （彼は数学を勉強していません [していませんでした]。）

Is [Was] he studying math? （彼は数学を勉強していますか [していましたか]？）

▶be動詞は主語・時制によって使い分ける。

現在分詞の作り方	例			
そのままingをつける	study ⇒	studying	read ⇒	reading
語尾のeをとってingをつける	make ⇒	making	write ⇒	writing
語尾を重ねてingをつける	run ⇒	running	swim ⇒	swimming

>> 受け身

This computer is used by Tom. （このコンピュータはトムによって使われます。）

● 〈be動詞＋過去分詞〉で「〜される」を表す。

▶be動詞は主語・時制によって使い分ける。

原形	過去形	過去分詞
give	gave	given
build	built	built
run	ran	run
cut	cut	cut

>> 現在完了形

● 〈have [has] ＋過去分詞〉で表す。

【継続】I have been in Yokohama for three years. （私は3年間ずっと，横浜にいます。）

▶How long 〜? （どのくらいの間〜？），for （〜の間），since （〜から）などがよく使われる。

【経験】I have seen this movie twice. （私はこの映画を2回見たことがあります。）

▶ever （今までに），before （以前に），never （一度も〜ない）などがよく使われる。

【完了・結果】I have just finished my homework. （私はちょうど宿題を終えました。）

▶already （すでに），just （ちょうど），yet （まだ，もう）などがよく使われる。

【状態の継続】have ＋過去分詞　　　【動作の継続】have been 〜 ing

✓ 空欄に当てはまるものを,それぞれ1つ選びなさい。
基本的な事項を押さえられているか確認しましょう。

1 進行形

(1) 生徒たちは今,歌を歌っています。 ⇨ Students (ア sing イ are singing) a song now.

(2) 私はそのとき本を読んでいました。 ⇨ I (ア am イ was) reading a book then.

(3) あなたは今,手紙を書いていません。 ⇨ You (ア don't イ aren't) writing a letter now.

(4) あなたのお兄さんは8時に何をしていましたか。

⇨ What (ア were イ was) your brother doing at 8?

(5) 誰がそのとき私のコンピュータを使っていましたか。

⇨ Who (ア was using イ uses) my computer at that time?

[1 [　　] 2 [　　] 3 [　　] 4 [　　] 5 [　　]]

2 受け身

(1) この辞書は私の兄に使われています。

⇨ This dictionary is (ア used イ using) by my brother.

(2) 今日の夕食は私の母によって作られました。

⇨ Today's dinner (ア is イ was) made by my mother.

(3) この部屋は明日,父によって掃除されるでしょう。

⇨ This room (ア will clean イ will be cleaned) by my father tomorrow.

(4) これらの絵はサエによって描かれましたか。

⇨ (ア Were イ Was) these pictures painted by Sae?

(5) この建物は日曜日には使われていません。

⇨ This building (ア doesn't イ isn't) used on Sundays.

[1 [　　] 2 [　　] 3 [　　] 4 [　　] 5 [　　]]

3 現在完了形

(1) 私は先週の土曜日から具合が悪いです。

⇨ I (ア have been イ was) sick since last Saturday.

(2) リオはオーストラリアへ2度行ったことがあります。

⇨ Rio (ア has イ have) been to Australia twice.

(3) 私は一度も納豆を食べたことがありません。 ⇨ I have (ア never イ not) eaten *natto*.

(4) あなたはもう宿題を終えましたか? ⇨ (ア Did イ Have) you finished your homework yet?

(5) 私は2年間,中国語を勉強しています。

⇨ I have been studying Chinese (ア since イ for) two years.

[1 [　　] 2 [　　] 3 [　　] 4 [　　] 5 [　　]]

DAY 4

1 日本文に合うように，（　）内の語（句）を並べかえなさい。

(1) この車は先週私の母によって洗われました。

（ car / washed / my mother / this / by / was ）last week.

_____ last week.

(2) ハルトは部屋で何をしていますか。

What（ Haruto / doing / his room / is / in ）?
What _____ ?

(3) この歌は世界中で愛されています。

This song（ all / the world / loved / over / is ）.
This song _____ .

(4) 私は一度，歌舞伎を見たことがあります。

I（ seen / kabuki / once / have ）.
I _____ .

(5) スペインでは何語が話されていますか。

What（ in Spain / spoken / is / language ）?
What _____ ?

2 日本文に合うように，（　）内の語（句）を並べかえなさい。ただし，不要な語（句）が1つあります。

(1) あなたが電話してきたとき，私はお風呂に入っていました。

When you called me,（ taking / I / took / a bath / was ）.
When you called me, _____ .

(2) 京都は多くの人々に訪れられます。

Kyoto（ many / visited / visits / is / people / by ）.
Kyoto _____ .

(3) カズヤは一度も学校に遅刻したことがありません。

Kazuya（ has / late for / been / school / never / hasn't ）.
Kazuya _____ .

(4) 私はちょうど夕食を作り終えました。

I（ yet / just / have / dinner / made ）.
I _____ .

(5) これらの手紙は英語で書かれてなかった。

（ written / these letters / don't / weren't / English / in ）.

_____ .

1 次の英文を（ ）内の指示にしたがって書きかえなさい。

(1) Many people speak English.（主語を English にした受け身の文に）

_____

(2) I don't play the piano.（進行形の文に）

_____

(3) I have already cleaned my room.（yet をつけて否定文に）

_____

2 次の英文の下線部には，文法的に誤りがあります。下線部を正しい形に直しなさい。

(1) 私はそのときテニスをしていませんでした。

I <u>didn't</u> playing tennis then.

_____

(2) この本は来週の授業で使われるでしょう。

This book <u>will used</u> in the class next week.

_____

(3) あなたの家族はどのくらい長く大阪に住んでいますか。

How long <u>did</u> your family lived in Osaka?

_____

3 次の英文の中には誤りが1つあります。誤っているものを，それぞれア～ウから1つ選びなさい。

(1) 今朝，東京は雨が降っていましたか。―いいえ，降っていませんでした。

<u>Did</u> it <u>raining</u> in Tokyo this morning? ―No, it <u>wasn't</u>.
　ア　　　イ　　　　　　　　　　　　　　　　　　ウ　　　　［　　　］

(2) この犬は私の姉によって世話をされています。

This dog <u>is</u> <u>took</u> care of <u>by</u> my sister.
　　　　　ア　　イ　　　　　　ウ　　　　　　　　［　　　］

(3) 私は今朝6時から何も食べていません。

I <u>haven't</u> <u>eaten</u> any food <u>for</u> 6 o'clock this morning.
　　ア　　　　イ　　　　　　ウ　　　　　　　　　　［　　　］

61. あの店の前でボブと英語でおしゃべりをしている女の子は誰ですか。
Who is the girl talking with Bob in English in front of that shop?

62. 壁には弟に壊された時計がかかっています。
There is a clock broken by my brother on the wall.

63. アツコはみんなが良く知っている歌手です。
Atsuko is a singer that [whom] everyone knows well.

64. 私たちが駅で会ったその男の子は自分のお母さんを探していました。
The boy that we met at the station was looking for his mother.

65. 彼は私が誕生日会に招待した友達の一人です。
He is one of my friends that I invited to the birthday party.

66. あなたの妹が会いたがっている少年はハリーですか。
Is the boy that your sister wants to see Harry?

67. 彼女がいちばん好きな科目は歴史かもしれない。
The subject that she likes the best may be history.

68. あなたが昨日買った本はもう読み終わりましたか。
Have you finished reading the book that you bought yesterday yet?

69. 彼女が書いた物語に興味がありますか。
Are you interested in the story that she wrote?

70. ファン・ゴッホが描いたそれらの絵はとても値段が高い。
Those pictures that van Gogh painted are very expensive.

71. カナダで話されている言葉は英語とフランス語の両方です。
The languages that they speak in Canada are both English and French.

72. 私には父が芸術家である友達がいます。
I have a friend whose father is an artist.

73. その頂上が雪で覆われている山はとても美しく見えます。
The mountain whose top is covered with snow looks very beautiful.

74. 目の青いその少年がボブですか？
Is the boy whose eyes are blue Bob?

75. これは私が今までに見た中で最も古い（壁掛け）時計です。
This is the oldest clock (that) I have ever seen.

76. これが彼の持っているすべてのお金です。
This is all the money (that) he has.

77. それが君の言いたいことのすべてですか。
Is that all (that) you want to say?

78. 私があなたのためにできることは何かありますか。
Is there anything (that) I can do for you?

79. 橋を走って渡っている背の高い少女と黒い犬を見てごらん。
Look at the tall girl and the black dog that are running across the bridge.

80. ギターを弾いているその少女は誰ですか。
Who is the girl that is playing the guitar?

比較の文・接続詞・仮定法・間接疑問

入試問題に取り組んで，実力を確認しましょう。

⑴ 次の文の（　　）の中に当てはまる最も適切なものを，あとのア〜エから1つ選びなさい。〈神奈川県〉

Which school event do you like（　　　　）?
ア good　イ well　ウ better than　エ the best 　　　　　[　　　]

⑵ 次の会話文について，（　　）内のア〜オを正しく並べかえて意味が通る文を完成させ，その並べかえた順に記号をすべて答えなさい。〈沖縄県〉

A : Do you think Nana will come? She lives far from here.
B : I'm not sure, but I think she（ ア because　イ come　ウ it's
　　エ won't　オ raining ）.

[　　 → 　　 → 　　 → 　　 → 　　]

⑶ 次の日本語の文の内容と合うように，英文中の（　　）内のア〜ウから最も適しているものを1つ選びなさい。〈大阪府〉

もし私があなたならば，そんなことはしないでしょうに。
If I were you, I（ ア wouldn't　イ don't　ウ can't ）do such a
thing. 　　　　　[　　　]

>> 比較の文

【比較級】He is **taller** than Mika.
（彼はミカより背が高いです。）

● -er や more を使って表す。

原級	比較級	最上級
big	bigger	biggest
easy	easier	easiest
beautiful	more beautiful	most beautiful
good/well	better	best

【最上級】He is **the tallest** in my class.
（彼は私のクラスの中でいちばん背が高いです。）

● the -est や the most を使って表す。

▶「～の中で」 in ＋場所・範囲を表す語句，of ＋複数を表す語句

【as ～ as ...】Ken is **as tall as** Shun.（ケンはシュンと同じくらい背が高いです。）

▶as と as の間は原級を使う。

>> 接続詞

If it is sunny tomorrow, we can play tennis.（もし明日晴れたら，私たちはテニスができます。）
We can play tennis **if** it is sunny tomorrow.

● 接続詞は文頭にも文中にも置くことができる。

▶when（～のとき），because（なぜなら～），that（～ということ）など

>> 仮定法

If I **had** much money, I **would buy** a big house.（もし私にお金がたくさんあったら，大きな家を買うのですが。）

● 〈If ＋主語＋過去形～，主語＋ would［could/might］＋動詞の原形～.〉で現在の事実とは異なることを表す。

>> 間接疑問

We know **where** Jim lives.（私たちはジムがどこに住んでいるのか知っています。）

● 文の途中に〈疑問詞＋主語＋動詞〉の語順で表す。

▶what（何を～），who（誰が～），which（どちらが～），how（どのように～）など

1 比較の文 -

(1) 私にとって,英語は理科より面白いです。

⇨ English is (**ア** more interesting **イ** interesting) than science for me.

(2) あれは私たちの市でいちばん古い博物館です。

⇨ That is (**ア** older **イ** the oldest) museum in our city.

(3) このペンはあのペンよりもよいです。 ⇨ This pen is (**ア** better **イ** best) than that pen.

(4) ヒロとアヤは同い年です。 ⇨ Hiro is as (**ア** old **イ** older) as Aya.

[1 [　　　] 2 [　　　] 3 [　　　] 4 [　　　]]

2 接続詞 -

(1) 彼女は体調が悪かったので,家にいました。

⇨ She stayed home (**ア** if **イ** because) she wasn't feeling well.

(2) 私はお気に入りのチームが優勝すると信じています。

⇨ I (**ア** believe that **イ** believe to) my favorite team will win the championship.

(3) もしあなたが忙しければ,私があなたの子どもたちの世話をします。

⇨ (**ア** When **イ** If) you're busy, I'll take care of your children.

[1 [　　　] 2 [　　　] 3 [　　　]]

3 仮定法 -

(1) もし時間があれば,買い物に行くのですが。

⇨ If I (**ア** have **イ** had) a time, I would go shopping.

(2) 背が高ければなあ。 ⇨ I (**ア** hope **イ** wish) I were tall.

(3) 私があなただったら,明日は行かないでしょう。

⇨ If I (**ア** were **イ** are) you, I wouldn't go tomorrow.

(4) もしお金があったら,たくさん本を買えるのに。

⇨ If I had money, I (**ア** could **イ** can) buy many books.

[1 [　　　] 2 [　　　] 3 [　　　] 4 [　　　]]

4 間接疑問 -

(1) あなたはどこにスズキ先生がいるか知っていますか?

⇨ Do you know (**ア** where **イ** how) Mr. Suzuki is?

(2) 私たちはどちらのチームが勝者なのか知りません。

⇨ We don't know (**ア** which team is **イ** which is team) the winner.

(3) あなたは次の電車がいつ到着するか知っていますか?

⇨ Do you know when the next train (**ア** arrive **イ** arrives)?

[1 [　　　] 2 [　　　] 3 [　　　]]

※文頭にくる語も小文字で始めています。

1 日本文に合うように，（ ）内の語（句）を並べかえなさい。

(1) 私はその映画が何時に始まるのか知りません。

I (know / what time / starts / don't / the movie).

I _____.

(2) その新しいスマートフォンは古いものより高価です。

The new smartphone (more / than / the old one / is / expensive).

The new smartphone _____.

(3) 今日は，昨日ほど暖かくありません。

Today (warm / not / as / as / is) yesterday.

Today _____ yesterday.

(4) 私はおなかが空いたので，早めに夕食を食べました。

I ate dinner early (I / hungry / because / was).

I ate dinner early _____.

(5) アミがパーティに来られたらよかったのに。

I (Ami / come / the party / wish / could / to).

I _____.

2 日本文に合うように，（ ）内の語（句）を並べかえなさい。ただし，不要な語（句）が1つあります。

(1) あなたのかばんは私のものより重くありません。

Your bag (not / than / me / is / heavier / mine).

Your bag _____.

(2) 勉強をしなければならなかったので，公園に行けませんでした。

I couldn't (the park / because / I / had to / go to / when) study.

I couldn't _____ study.

(3) 洞爺湖は琵琶湖ほど大きくありません。

Lake Toya is (as / not / large / than / as / Lake Biwa).

Lake Toya is _____.

(4) もし今日晴れていれば，遊園地に行けるのに。

If it were fine today, (could / the amusement park / can / go / to / we).

If it were fine today, _____.

(5) なぜ彼女が忙しいか知っていますか？

(she / why / do / know / is / you / does / busy)？

_____ ？

1 次の英文を（　）内の指示にしたがって書きかえなさい。

(1) I am a happy man. (in the world をつけて最上級の文に)

_____

(2) Do you know? / What does Kate like? (2文をつなげて1文に)

_____

(3) I'll study English hard. I want to work abroad. (because を使って2文をつなげて1文に)

_____

2 次の英文の下線部には，文法的な誤りがあります。下線部を正しい形に直しなさい。

(1) もし私が長野に住んでいるなら，冬にたくさんスキーをすることができるのに。

If I <u>live</u> in Nagano, I could ski a lot in winter.

_____

(2) 私はこの赤いドレスが3つの中でいちばん可愛いと思います。

I think <u>if</u> this red dress is the prettiest of the three.

_____

(3) あなたはいちばん何色が好きですか。

What color do you like <u>better</u>?

_____

3 次の英文の中には誤りが1つあります。誤っているものを，それぞれア〜ウから1つ選びなさい。

(1) もし私がアニーの電話番号を知っていたら，彼女に電話をかけることができるのに。

If I <u>knew</u> Annie's phone number, I <u>can</u> <u>call</u> her.
     ア   イ ウ   [　　　]

(2) 彼は忙しいので公園に来ないと思います。

I am afraid that he <u>will</u> come to the park <u>because</u> <u>he's</u> busy.
                 ア   イ ウ   [　　　]

(3) ミキが3人の中でいちばん年下の女の子です。

Miki is <u>the</u> <u>youngest</u> girl <u>in</u> the three.
      ア   イ   ウ   [　　　]

DAY 5

81. その少女がどこに住んでいるか知っていますか。

Do you know where the girl lives?

82. 彼女が何を買いたいと思っているのか私に教えてくれませんか。

Will you tell me what she wants to buy?

83. 彼女がなぜ怒っているのかわからなかった。

I didn't know why she was angry.

84. 彼女がどのバスに乗ったか覚えていますか。

Do you remember which bus she took?

85. 世界中にいくつの言葉があるのだろうか。

I wonder how many languages there are in the world.

86. その少女が誰だか知りたい。

I want to know who the girl is.

87. 誰が窓を壊したか知りたいです。

I want to know who broke the window.

88. あなたのおばさんは有名な科学者ですよね。

Your aunt is a famous scientist, isn't she?

89. 彼のお母さんはとっても若く見えますよね。

His mother looks very young, doesn't she?

90. その知らせを聞いてあなたは驚きましたね。

The news made you surprised, didn't it?

不定詞・動名詞

STEP 1 入試にトライ

入試問題に取り組んで，
実力を確認しましょう。

次の英文は，高校1年生の生徒が，英語の授業について書いた感想です。⑴～⑶に当てはまる
英語を，あとの語群から選び，必要に応じて適切な形に変えたり，不足している語を補ったり
して，英文を完成させなさい。ただし，2語以内で答えること。〈兵庫県〉

Our class had a speech contest. Before the contest, I needed
（ **1** ）very hard for it. I felt relaxed when I finally（ **2** ）making
my speech during the contest. By（ **3** ）to the speeches of my
classmates, I learned how to make a better speech for the next time.

finish	get	listen	practice	receive

⑴ [   ]　⑵ [   ]　⑶ [   ]

>> 不定詞（基本の3用法）

【副詞用法（〜ために）】I went to the library to study English.（私は英語を勉強するために図書館へ行きました。）

【名詞用法（〜すること）】I like to play baseball.（私は野球をすることが好きです。）

【形容詞用法（〜するための）】Can I have something to drink?（何か飲み物［飲むための何か］をもらえますか？）

▶ to のあとには必ず動詞の原形がくる。

>> 動名詞

【主語】Reading books is interesting.（本を読むことは面白いです。）

【補語】My hobby is cooking.（私の趣味は料理をすることです。）

【目的語】We enjoyed watching the soccer game.（私たちはサッカーの試合を見るのを楽しみました。）

▶「主語」のとき動名詞は単数扱いになる。

>> 不定詞と動名詞の使い分け

▶ 動詞によって，目的語に①不定詞のみをとるもの，②動名詞のみをとるもの，③両方をとるものがある。

①不定詞のみ	②動名詞のみ	③両方
want, hope, decide など	finish, enjoy, practice, stop など	like, begin など

>> 不定詞を使ったいろいろな表現

【疑問詞＋不定詞】Amy doesn't know how to write kanji.（エイミーは漢字の書き方を知りません。）

【It is 〜 for 人 to ... .】It's［it is］difficult for me to play the guitar.（私にとってギターを弾くことは難しいです。）

【動詞＋人＋不定詞】She asked me to show the picture.（彼女は私に写真を見せるよう頼みました。）

【too 〜 to ...】I was too sleepy to do my homework.（私は眠すぎて，宿題ができませんでした。）

1 不定詞 -

(1) 私の夢は理科の先生になることです。 ⇨ My dream is (ア to　イ to be) a science teacher.

(2) 私の兄は美術を学ぶために来年, フランスへ行きます。

⇨ My brother will go to France (ア to　イ for) study art next year.

(3) 私はあなたが楽しい時を過ごしたと聞いてうれしいです。

⇨ I'm happy (ア to hear　イ to heard) that you had a good time.

(4) 何か食べ物をいただけませんか。 ⇨ Can I have (ア to eat something　イ something to eat)?

[1 [　　] 2 [　　] 3 [　　] 4 [　　]]

2 動名詞 -

(1) 私の母は友達との会話を楽しみました。

⇨ My mother enjoyed (ア talking　イ talks) with her friend.

(2) シュンは絵を描くことが得意です。 ⇨ Shun is good at (ア painting　イ paints) pictures.

(3) 私の父の子どものころの趣味はバスケットボールをすることでした。

⇨ My father's hobby was (ア playing　イ played) basketball when he was a child.

[1 [　　] 2 [　　] 3 [　　]]

3 不定詞と動名詞の使い分け -

(1) 私は1時間前に宿題を終えました。

⇨ I finished (ア to do　イ doing) my homework an hour ago.

(2) ユキは犬を飼いたがっています。 ⇨ Yuki wants (ア to have　イ having) a dog.

(3) アツトは昨年の夏, 沖縄で泳ぐのを楽しみました。

⇨ Atsuto enjoyed (ア to swim　イ swimming) in Okinawa last summer.

[1 [　　] 2 [　　] 3 [　　]]

DAY 6

4 不定詞を使ったいろいろな表現 -

(1) 私はその道具の使い方を知りません。

⇨ I don't know (ア how to use　イ where to use) the tool.

(2) アキにとって, 中国語を話すことは難しいです。

⇨ It is difficult (ア to　イ for) Aki to speak Chinese.

(3) 私の母は私に皿を洗うように言いました。

⇨ My mother told (ア me to wash　イ to wash) the dishes.

(4) このゲームは私には高すぎて買えません。

⇨ This game is (ア to　イ too) expensive for me to buy.

[1 [　　] 2 [　　] 3 [　　] 4 [　　]]

※文頭にくる語も小文字で始めています。

1 日本文に合うように，（　）内の語（句）を並べかえなさい。

⑴ 私は子どもの世話をすることが好きです。

I (take / to / like / care of) children.

I _____ children.

⑵ なぜあなたは公園へ行ったのですか？　—ギターを弾くためです。

Why did you go to the park? — (play / to / the guitar).

_____.

⑶ 私にはたくさんの読むべき手紙があります。

I have (to / a lot of / read / letters).

I have _____.

⑷ 私は4歳のときにピアノを弾き始めました。

I (started / the piano / playing / when) I was four.

I _____ I was four.

⑸ 私にとって，屋外で踊ることは楽しいです。

It is fun (me / dance / to / for / outside).

It is fun _____.

2 日本文に合うように，（　）内の語（句）を並べかえなさい。ただし，不要な語（句）が1つあります。

⑴ 友達とバレーボールをするのは楽しいです。

To (volleyball / friends / are / is / play / with) fun.

To _____ fun.

⑵ あなたは靴を洗い終えましたか。

Did (finish / washing / your shoes / to wash / you)?

Did _____?

⑶ 今日，映画を見るのはどうですか。

How (watching / about / watch / a movie / today)?

How _____?

⑷ 私はサンバの踊り方を習いたいです。

I (want / dance / to / to / how / learn / for) samba.

I _____ samba.

⑸ 私の兄は私にケーキを作るように頼みました。

My brother (to / me / asked / made / a cake / make).

My brother _____.

1 次の英文を（　）内の指示にしたがって書きかえなさい。

(1) I want to be a journalist.（過去の文に）

_____

(2) I don't have any drink.（nothing を使った同じ意味の文に）

_____

(3) My sister went to the supermarket and she bought some eggs.（不定詞を使った文に）

_____

2 次の英文の下線部には，文法的に誤りがあります。下線部を正しい形に直しなさい。

(1) 私はその映画を見ることを楽しんだ。

I enjoyed to see the movie.

_____

(2) 私にとって，祖父母を訪ねるのはわくわくします。

It is exciting to me to visit my grandparents.

_____

(3) マキは彼女の弟にかばんを運ぶよう頼みました。

Maki asked her brother carry the bag.

_____

3 次の英文の中には誤りが1つあります。誤っているものを，それぞれア〜ウから1つ選びなさい。

(1) その本を読んで，私は将来やりたいことを決めた。

By read that book, I decided what I wanted to do in the future.
　　　ア　　　　　　　　　　イ　　　ウ　　　　　　　　　　　　　　[　　]

(2) 私の父は，私に医者になってほしいと思っています。

My father wants to me to be a doctor.
　　　　ア　イ　　ウ　　　　　　　　　　　　[　　]

(3) 私の弟は6歳のときに泳ぎ方を習いました。

My brother learned where to swim when he was six.
　　　　　ア　　　イ　　　ウ　　　　　　　　　　　[　　]

正 誤 問 題 対 策

DAY 6 No. 1-9

以下の文の間違いを正し，書き直しなさい。

問題

(1) The cat is sitting under the white table over there and eat lunch made by my sister.

(2) People say there are a lot of languages speaking in that country.

(3) She will show her father her favorite picture she took it.

(4) The schedule I'm showing you it now is very simple.

(5) He looked very happy when I gave him something drinking.

(6) He has visited many cities by bus and knows how to going there by bus very well.

(7) You have to wash your hands before eat.

(8) I have just buying that song I have wanted for many years on the Internet.

(9) I have read it last night. I thought it was very interesting.

答え

(1) The cat is sitting under the white table over there and **eating** lunch made by my sister.
eat を現在分詞の eating に

(2) People say there are a lot of languages **spoken** in that country.
speaking を分詞の形容詞用法の spoken に

(3) She will show her father her favorite picture she took.
関係代名詞の目的格に代わる it をとる

(4) The schedule I'm showing you now is very simple.
関係代名詞の目的格に代わる it をとる

(5) He looked very happy when I gave him something **to drink**.
drinking を不定詞の形容詞用法の to drink に

(6) He has visited many cities by bus and knows **how to go** there by bus very well.
how to going を疑問詞＋不定詞の how to go に

(7) You have to wash your hands before **eating**.
eat を動名詞の eating に

(8) I have just **bought** that song I have wanted for many years on the Internet.
buying を現在完了・完了用法の bought に

(9) I **read** it last night. I thought it was very interesting.
have read を thought と同じ過去形の read に

後置修飾・関係代名詞

入試問題に取り組んで，実力を確認しましょう。

(1) 次の日本語の文の内容と合うように，英文中の（　　）内のア〜ウから最も適しているものを１つ選びなさい。〈大阪府〉

あのいすに座っている少年は，私の友だちです。
The boy（ ア sits 　　 イ sat 　　 ウ sitting ）on that chair is my friend. 　　　　　　　　　　　　　　　　　　　　　　[　　　　　]

(2) 次の文の（　　）の中に当てはまる最も適切なものを，あとのア〜エから１つ選びなさい。〈神奈川県〉

This is a school which（　　　　）in 1980.
ア is building 　 イ built 　 ウ was built 　 エ were building
　　　　　　　　　　　　　　　　　　　　　　　　　　[　　　　　]

(3) 次の文の意味が通るように，（　　）の中を並べかえなさい。ただし，不要な語が１語あります。〈福岡県〉

We should let（ ア know / イ at / ウ newspapers / エ them / オ about ）written in several languages.

[　　　→　　　→　　　→　　　]

≫ 後置修飾

【現在分詞】 The girl running over there is my sister. （向こうで走っている少女は私の姉[妹]です。）

【過去分詞】 The dinner made by my father was good. （私の父が作った夕食はおいしかったです。）

【接触節】 The picture Jun took in Hokkaido is beautiful. （ジュンが北海道で撮った写真は美しいです。）

● それぞれ名詞の後ろに続き，修飾（説明）している。

≫ 関係代名詞

【主格】 I have a friend . （私には友達が（1人）います。）—①

　　　　　　He can speak French. （彼はフランス語を話すことができます。）—②

　　　and he

I have a friend who can speak French. （私にはフランス語を話すことができる友達が（1人）います。）
　　　　　先行詞

● ①と②をつなげて，1つの文を作ろうとするが，②の文でくり返しをさけるために使われた代名詞のhe
には，文と文とを結びつけるはたらきがない。文を結びつけるために，「接続詞の and を代名詞にくっ
つけて新しい言葉にした」のが関係代名詞と考えるとわかりやすい。

● 関係代名詞に導かれる文は，代名詞とイコールの関係になる名詞の直後にくっつける。

▶ この名詞のことを先行詞と呼ぶ。先行詞が人の場合は関係代名詞に
who を，人以外の場合はwhich を用いる。who や which は②の文
の主語のかわりとして用いられているので，主格の関係代名詞と呼ぶ。

▶ また，関係代名詞 who や which のかわりに that を使うこともできる。
She has a cat that has blue eyes.

先行詞	関係代名詞	
	主格	目的格
人	who	that
物	which	that / which

【目的格】 This is the letter .—① Bob wrote it .—② （これは手紙です。ボブがそれを書きました。）

This is the letter and it Bob wrote.

This is the letter that [which] Bob wrote. （これはボブが書いた手紙です。）

● 今回は②の代名詞が動詞の後ろにあるため，代名詞をそのまま and ＋代名詞に変えても修飾したい名
詞にはくっつかない。そのため，and ＋代名詞を文の先頭にもってきて先行詞にくっつける。

● and ＋代名詞を関係代名詞に変化させるわけだが，先行詞が人のときは that，物のときは that か which
になる。また，この関係代名詞を省略して直接＜主語＋動詞＞をつなげることができる。

1 後置修飾

(1) 私は犬の散歩をしている少女を知っています。

⇨ I know the girl（ア walking　イ walked）a dog.

(2) コーヒーを飲んでいる女性を見てください。

⇨ Look at the woman（ア drinking　イ drank）coffee.

(3) 私にはアメリカに住んでいる友達がいます。　⇨ I have a friend（ア living　イ live）in America.

(4) これはスズによって撮られた写真です。　⇨ This is a picture（ア took　イ taken）by Suzu.

(5) キタガワ先生は多くの生徒に愛されている先生です。

⇨ Ms. Kitagawa is a teacher（ア loving　イ loved）by many students.

(6) 私が昨日買った本は面白いです。

⇨ The book（ア I bought　イ to buy）yesterday is interesting.

[1 [　　] 2 [　　] 3 [　　] 4 [　　] 5 [　　] 6 [　　]]

2 関係代名詞

(1) ギターを弾いている男性は私の父です。

⇨ The man（ア who　イ which）is playing the guitar is my father.

(2) カズキは私たちに空手を教えてくれるコーチです。

⇨ Kazuki is the coach who（ア teach　イ teaches）us *karate*.

(3) 私は毛の長い猫を飼っています。　⇨ I have a cat（ア who　イ which）has long hair.

(4) あちらは，私が先週図書館で会った女の子です。

⇨ That is the girl（ア that　イ for）I met in the library last week.

(5) これらは，アスカが今朝作ったクッキーです。

⇨ These are the cookies that（ア Asuka made　イ Asuka making）this morning.

[1 [　　] 2 [　　] 3 [　　] 4 [　　] 5 [　　]]

3 関係代名詞

(　　)内の語が当てはまる部分を選びなさい。

(1) ジェニーと走っている男の子は私の弟です。（who）

⇨ The boy ア is running with Jenny イ is my brother.

(2) 彼女は誰もが好きな歌手です。（that）　⇨ She is a ア singer イ everyone likes.

(3) これはトシが父親にもらったカメラです。（which）

⇨ This is ア a camera イ Toshi was given by his father.

[1 [　　] 2 [　　] 3 [　　]]

1 日本文に合うように，（　　）内の語（句）を並べかえなさい。

(1) あなたの国で使われている言語は何ですか。

What (language / is / used / the) in your country?

What ＿＿＿＿＿＿＿＿＿＿＿＿＿＿＿＿＿＿＿＿＿ in your country?

(2) これはサトシが先月書いた本です。

This (the book / Satoshi / is / wrote) last month.

This ＿＿＿＿＿＿＿＿＿＿＿＿＿＿＿＿＿＿＿ last month.

(3) 公園で私が見た犬はとてもかわいかったです。

The (was / at the park / that / I / dog / saw) so cute.

The ＿＿＿＿＿＿＿＿＿＿＿＿＿＿＿＿＿＿＿ so cute.

(4) 私は昨年，母に買ってもらったかばんをなくしました。

I lost (bought / my mother / the bag / for me) last year.

I lost ＿＿＿＿＿＿＿＿＿＿＿＿＿＿＿＿＿＿ last year.

(5) 大きな帽子をかぶっている女性が私の姉です。

The (my sister / a big hat / woman / wearing / is).

The ＿＿＿＿＿＿＿＿＿＿＿＿＿＿＿＿＿＿＿＿＿＿.

2 日本文に合うように，（　　）内の語（句）を並べかえなさい。ただし，不要な語（句）が1つあります。

(1) 夏に私が訪れた都市は美しかったです。

The city (I / in summer / was / visited / which / were) beautiful.

The city ＿＿＿＿＿＿＿＿＿＿＿＿＿＿＿＿＿ beautiful.

(2) 私は父の作ったケーキが好きです。

I like (my father / made / making / the cakes / by).

I like ＿＿＿＿＿＿＿＿＿＿＿＿＿＿＿＿＿＿＿＿＿＿.

(3) アヤコが欲しがっているカードはここで売られています。

The (Ayako / wants / want / cards / are) sold here.

The ＿＿＿＿＿＿＿＿＿＿＿＿＿＿＿＿＿＿＿ sold here.

(4) これは私が通う学校です。

This (the school / I / go to / that / is / my).

This ＿＿＿＿＿＿＿＿＿＿＿＿＿＿＿＿＿＿＿＿＿＿.

(5) あなたは柔道を教えられる先生を知っていますか？

Do you know (who / teach / can / teaches / a teacher) judo?

Do you know ＿＿＿＿＿＿＿＿＿＿＿＿＿＿＿＿ judo?

1 次の英文を（　）内の指示にしたがって書きかえなさい。

(1) This is a picture. I took it before.（which を使って1つの文に）

_____

(2) Those are the color pencils. We used them in the art class.（関係代名詞を使わず1つの文に）

_____

(3) Look at the girl. She is eating lunch.（関係代名詞を使わず1つの文に）

_____

2 次の英文の下線部には，文法的に誤りがあります。下線部を正しい形に直しなさい。

(1) 私は卓球が好きな少年を知っています。

I know the boy who <u>like</u> table tennis.

_____

(2) 兄が使っているタブレットは韓国製です。

The tablet <u>who</u> my brother uses is made in Korea.

_____

(3) 私たちは約100年前に建てられた博物館へ行きました。

We went to the museum <u>building</u> about 100 years ago.

_____

3 次の英文の中には誤りが1つあります。誤っているものを，それぞれア〜ウから1つ選びなさい。

(1) 私の友達がパーティに招待した女の子はカナダ出身です。

The girl <u>that</u> my friend <u>invited</u> to the party <u>are</u> from Canada.
　　　　ア　　　　　　イ　　　　　　　ウ　　　　　　　　　　[　　]

(2) 彼女には福岡に住む2人の息子がいます。

She <u>has</u> two sons <u>who</u> <u>lives</u> in Fukuoka.
　　ア　　　　　イ　ウ　　　　　　　　　　　　[　　]

(3) 私には中国語を話せる友人がいます。

I have a <u>friend</u> <u>who</u> <u>speak</u> chinese.
　　　　ア　　イ　　ウ　　　　　　　　　　　[　　]

DAY **7**

正 誤 問 題 対 策

以下の文の間違いを正し，書き直しなさい。

答え

問題

(10) I have seen it when I went to Yokohama last week.

(11) Some of us have known her from 1999.

(12) I think Tom's computer is better than me.

(13) Ken plays basketball in our school and is the tallest of his class.

(14) One of my friends say he has been to Canada three times.

(15) Mike always play the piano for me when I visit him.

(16) The man standing there want to visit those countries to study some languages.

(17) "Where did you get such a old piano?" "One of my friends gave me this piano because he got a new one."

(18) Mr. Chiba is very interesting because he knows many things and talks to us about it.

(10) I **saw** it when I went to Yokohama last week.
have seen を went と同じ過去形の saw に

(11) Some of us have known her **since** 1999.
from を現在完了・継続用法のため since に

(12) I think Tom's computer is better than **mine**.
me を比較・than の後ろの代名詞として mine に

(13) Ken plays basketball in our school and is the tallest **in** his class.
「in＋場所・範囲を表す語句」が適切なので of を in に

(14) One of my friends **says** he has been to Canada three times.
say を，主語に動詞を一致させるため says に

(15) Mike always **plays** the piano for me when I visit him.
play を，主語に動詞を一致させるため plays に

(16) The man standing there **wants** to visit those countries to study some languages.
want を，長い主語に動詞を一致させるため wants に

(17) "Where did you get such **an old piano**?" "One of my friends gave me this piano because he got a new one."
a old piano を,冠詞を正しくするため an old piano に

(18) Mr. Chiba is very interesting because he knows many things and talks to us about **them**.
it を代名詞として正しくするため them に

入 試 実 戦

DAY 1~7 で取り組んだ内容をもとに,
実際の入試問題に挑戦しましょう。

① 次の(1)〜(5)の日本語の文の内容と合うように，英文中の（　　）内のア〜ウからそれぞれ最も適しているものを1つずつ選びなさい。〈大阪府〉

(1) 私は有名な音楽家に会いました。

I met a famous（ ア doctor　イ musician　ウ scientist ）.

(2) 多くの人々は春に桜の花を見に行きます。

Many people go to see the cherry blossom in（ ア spring
イ autumn　ウ winter ）.

(3) 私たちは毎日，私たちの教室をそうじします。

We（ ア clean　イ close　ウ watch ）our classroom every day.

(4) そのアドバイスは役に立ちました。

The advice was（ ア funny　イ useful　ウ wrong ）.

(5) もっとゆっくり話してください。

Please speak more（ ア fluently　イ quickly　ウ slowly ）.

(1) [　　　]　(2) [　　　]　(3) [　　　]　(4) [　　　]　(5) [　　　]

② 次の(1)〜(4)の文の（　　）の中に入れるのに最も適するものを，あとのア〜エの中からそれぞれ1つずつ選び，その記号を答えなさい。〈神奈川県〉

(1) （　　　）do you have for breakfast, rice or *bread?

ア When　イ Which　ウ Why　エ How

(2) The new library near the station（　　　）great.

ア looks　イ sees　ウ gives　エ takes

(3) She（　　　）cold water when she arrived at school.

ア drinks　イ is drinking　ウ drank　エ has drunk

(4) My grandfather lives in Osaka, and I（　　　）him for two months.

ア don't see　イ was seeing　ウ was seen　エ haven't seen

* bread：パン

(1) [　　　]　(2) [　　　]　(3) [　　　]　(4) [　　　]

③ 次の(1), (2)の2人の会話が成立するように，（　　）内の語句を正しい順に並べかえ，(1)はア〜エ，(2)はア〜オの記号で答えなさい。ただし，文頭にくる語も小文字で示しています。〈宮城県〉

(1) *Yumi* : Nancy, if it's sunny tomorrow, let's take a walk in the park. It'll be fun.

   Nancy : Sounds interesting. (ア do　イ time　ウ you　エ what) want me to get to the park?

(2) *David* : Akito, look at those cherry blossoms!

   Akito : They are beautiful. I (ア of　イ like　ウ all　エ the best　オ spring) seasons.

(1) [　　　　　　　　　　　　]　(2) [　　　　　　　　　　　　]

④ 次は，中学生の未来（Miku）と留学生のルーシー（Lucy）が，お互いの持ち物について会話をしている場面です。（　　）内の①〜④の語を，それぞれ適切な形に直して英語1語で書き，会話を完成させなさい。〈秋田県〉

Miku : Oh, you have a nice bag. Where did you find it?

Lucy : I（① 　find）it at the new shop near my house last week. This is my favorite *brand.

Miku : I know that brand. I like the design. It's very famous, so （② 　get）it is difficult, right?

Lucy : Yes. Oh, you have a new bag, too. I've never seen this kind of design.

Miku : This small bag was made by my grandmother. She（③ 　give）it to me last month. This type of small bag is called *gamaguchi* in Japan.

Lucy : *Gamaguchi*? What's that?

Miku : It means a *toad's mouth. It opens *wide, so it's easy to put small things into it. I think this *gamaguchi* is（④ 　good）than my old bag.

* brand　銘柄　　toad's mouth　ヒキガエルの口　　wide　広く

① [　　　　]　② [　　　　]　③ [　　　　]　④ [　　　　]

① 吹奏楽部の **Mika** が〔日本語のメモ〕をもとに，日本に住む友人の **Jenny** を吹奏楽部のコンサートに誘うメールを英語で作成します。〔日本語のメモ〕と英語のメールを読んで，問いに答えなさい。〈埼玉県〉

〔日本語のメモ〕

彩中学校　吹奏楽部コンサート

日付：5月13日（土）　開演：午後1時30分　場所：彩中学校体育館

・たくさんの有名な曲を演奏します。
・きっと知っている曲もあり，楽しんで聞いてもらえると思います。
・コンサートに来られますか。友達や家族と来てはどうでしょうか。

From: Mika
To: Jenny
Subject: Sai Junior High School Brass Band Concert

Hello Jenny,
How are you?
We have a brass band concert next weekend. Here's the information.
Date: Saturday, __A__ 13　Start: 1:30 p.m.　Place: Sai Junior High School Gym
We're going to play a lot of __B__ music. I'm __C__ that you know some of the music, and you can enjoy listening to it. Can you come to the concert? Why don't you come with your friends and family, too?
Your friend,
Mika

問　〔日本語のメモ〕をもとに空欄　__A__　～　__C__　に当てはまる適切な1語を，それぞれ英語で書きなさい。なお，省略した形や数字は使わないものとします。

A [　　　　　　　]　**B** [　　　　　　　]　**C** [　　　　　　　]

② 次の(1)～(2)の2人の会話が成立するように，（　　）に入る最も適切なものを，それぞれあとのア～エから1つ選び，記号で答えなさい。〈宮城県〉

(1) *Marty* : Emi, （　　　） was the science test?
　　Emi 　: It was really difficult, but I did my best.
　　ア where　イ which　ウ what　エ how

(2) *Atsushi* : Who is that girl （　　　） a picture by the window?
　　Lily 　: She is my classmate, Olivia.
　　ア paints　イ is painting　ウ painting　エ painted

(1) [　　　]　(2) [　　　]

③ 次の(1)〜(5)のそれぞれの対話文を完成させなさい。(1), (2)については, (　　) 内の語を最も適当な形にしなさい。ただし, 1語で答えること。また, (3)〜(5)については, それぞれの (　　) の中のア〜オを正しい語順に並べかえ, その順序を符号で示しなさい。なお, 文頭に来るべき語も小文字で示してあります。〈千葉県〉

(1) *A* : What kind of book is that?

　　B : This is my new dictionary. It is very (use).

(2) *A* : Your bag is beautiful.

　　B : Thank you! My mother (buy) it for me last week.

(3) *A* : (ア your　イ old　ウ is　エ sister　オ how)?

　　B : She is nineteen, four years older than I.

(4) *A* : Do you know that we will get two new classmates next week?

　　B : Yes, I do. I (ア was　イ the news　ウ at　エ very　オ surprised).

(5) *A* : Do (ア are　イ who　ウ they　エ you　オ know)?

　　B : They are popular dancers.

(1) [　　　　　　]　(2) [　　　　　　]
(3) [　　→　　→　　→　　→　　]　(4) [　　→　　→　　→　　→　　]
(5) [　　→　　→　　→　　→　　]

④ 次の英文は, 高校生の涼真 (Ryoma) が英語の授業で書いた作文である。下線部① (meet) ② (begin) を, 文章から考えて, それぞれ正しい形にかえて1語で書け。〈京都府〉

I have ①(meet) many people in my life, and there is a person who I will never forget among them. He was one of my classmates. He came to our school when I was a junior high school student.

〜(中略)〜

Soon, *Mauro's *turn came and it was the last speech in our class. He went to the front and ②(begin) his speech. He said, "Education is the most important in my life.

〜(後略)〜

* Mauro　マウロ（男性の名）　　turn　順番

① [　　　　　　　　]　② [　　　　　　　　]

① 次の(1)〜(5)の日本語の文の内容と合うように，英文中の（　　）内のア〜ウからそれぞれ最も適しているものを1つずつ選び，記号で答えなさい。〈大阪府〉

(1) 私の姉はその図書館で働いています。

My sister works at the （ ア airport　イ factory　ウ library ）.

(2) あの窓を開けてください。

Please open that （ ア box　イ house　ウ window ）.

(3) 私たちの英語の先生は2年前に日本に来ました。

Our English teacher （ ア began　イ came　ウ wrote ） to Japan two years ago.

(4) 彼女はとても速く泳ぐことができます。

She can swim very （ ア fast　イ late　ウ well ）.

(5) 私は体育の授業の後はいつも空腹です。

I am always （ ア angry　イ hungry　ウ sleepy ） after P.E. classes.

(1) [　　　]　(2) [　　　]　(3) [　　　]　(4) [　　　]　(5) [　　　]

② 次の(1)〜(5)の日本語の文の内容と合うように，英文中の（　　）内のア〜ウからそれぞれ最も適しているものを1つずつ選び，記号で答えなさい。〈大阪府〉

(1) あれらの教科書はあなたのものですか。

（ ア Am　イ Is　ウ Are ） those textbooks yours?

(2) 私は昨日，私の祖母から手紙を受け取りました。

I （ ア receive　イ received　ウ receiving ） a letter from my grandmother yesterday.

(3) 私は私の姉よりも速く走ることができます。

I can run （ ア fast　イ faster　ウ fastest ） than my sister.

(4) 私にとって人々の前で話すことは簡単ではありません。

（ ア Speak　イ Spoken　ウ Speaking ） in front of people is not easy for me.

(5) 私はこのような甘いりんごを食べたことがありません。

I have never （ ア eat　イ ate　ウ eaten ） a sweet apple like this.

(1) [　　　]　(2) [　　　]　(3) [　　　]　(4) [　　　]　(5) [　　　]

③ 次の(1)〜(4)の対話が完成するように，（　　）の6つの語の中から5つを選んで正しい順番に並べたとき，その（　　）内で3番目と5番目にくる語の記号をそれぞれ答えなさい。（それぞれ1つずつ不要な語があるので，その語は使用しないこと。）〈神奈川県〉

(1) *A* : A lot of people use English all over the world.
　　B : Yes. English is（ ア by 　イ people 　ウ as 　エ many 　オ uses
　　　　カ spoken ）their first language.

(2) *A* : What（ ア work 　イ be 　ウ you 　エ did 　オ to 　カ want ）
　　　　when you were a child?
　　B : A doctor. I was interested in helping many people.

(3) *A* : I'd like to buy a new computer, but I can't（ ア should 　イ I
　　　　ウ one 　エ to 　オ which 　カ decide ）buy.
　　B : Oh, let me help you.

(4) *A* : Can you play the piano?
　　B : Just a little. But I（ ア better 　イ wish 　ウ were 　エ I
　　　　オ could 　カ at ）playing it.

(1) [　　　] [　　　] 　(2) [　　　] [　　　]

(3) [　　　] [　　　] 　(4) [　　　] [　　　]

④ 次は，中学生の健（Ken）と留学生のルーカス（Lucas）が，試合やゲームの始め方について会話した内容の一部です。①〜④の（　　）内の語を，それぞれ適切な形に直して書き，会話を完成させなさい。〈秋田県〉

Ken : We sometimes do *janken* when we start a game. It's
　　　　（① 　know）by many people in Japan. Do you know about it?

Lucas : Yes, I know a little about it. But I've never（② 　try）it.

Ken : How do you start a game in your country?

Lucas : We usually *toss a *coin. The *referees of the games do it.

Ken : Oh, I have seen it on TV before. In an international soccer game,
　　　　a referee was（③ 　use）a special coin. I want to get the coin.

Lucas : You can buy coins for tossing. I guess they are about three
　　　　hundred yen.

Ken : Really? They are（④ 　cheap）than I thought. It's interesting to
　　　　know the difference between countries.

* *janken* じゃんけん　　toss 投げる　　coin コイン　　referee 主審

① [　　　　　]　② [　　　　　]　③ [　　　　　]　④ [　　　　　]

① Akio が中学校の ALT の Ms. Green への手紙を英語で作成します。〔日本語のメモ〕をもとに，空欄【A】～【D】にあてはまる適切な1語を，それぞれ英語で書きなさい。なお，空欄【A】～【D】には省略した形や数字は使わないものとします。〈埼玉県〉

〔日本語のメモ〕

> グリーン先生へ
> お元気ですか。
> 私は，高校生活を楽しんでいます。私は，科学部に入りました。部員は15人です。兄も部員です。7月には，たくさんの星を観察する計画をしています。とてもわくわくしています。
> お元気で。
>
> 明夫

> Dear Ms. Green
>   How are you?
>   I'm having a great time in high school. I'm in the 　**A**　 club now. There are fifteen members. My 　**B**　 is a member, too. In 　**C**　, we are planning to look at many 　**D**　. I'm really excited.
>   Please take care.
>
> Sincerely,
> Akio

A [　　　　　　] 　B [　　　　　　]

C [　　　　　　] 　D [　　　　　　]

② 次の(1)～(2)の各組の対話が成り立つように，（　　）に当てはまる最も適当なものを，それぞれのア～エから1つ選び，記号を書け。〈福岡県〉

(1) *John* 　: Will you watch the rugby game on TV next Sunday?

　Takumi : Oh, the Japanese national team?

　John 　: Yes. You should watch it!（　　）

　Takumi : How about watching it together at my house?

　ア I have already watched the game.

　イ I think the game will be exciting.

　ウ I will play rugby in the game.

　エ I wanted you to win the game.

(2) *Mother* : Tom! Emily! Please help me carry these bags.

    Tom   : Sure. You bought a lot of food today.

    Mother : Yes, for our party tomorrow. Where is Emily?

    Tom   : She is in her room. (   )

    Mother : Wow, she is very interested in that book.

   ア She has been to parties many times.

   イ She has no book to read there.

   ウ She has to buy more food at the shop.

   エ She has been reading a book for three hours.

(1) [   ]   (2) [   ]

③ 次の(1)～(4)の対話が完成するように, (   ) 内の6つの語の中から5つを選んで正しい順番に並べたとき, その (   ) 内で3番目と5番目にくる語の記号をそれぞれ答えなさい。(それぞれ1つずつ不要な語があるので, その語は使用しないこと。)〈神奈川県〉

(1) A : Who is (ア tennis　イ the　ウ of　エ best　オ in　カ player) the five?

    B : Aya is. She won the city [*] tournament last month.

(2) A : Do you know the (ア been　イ and　ウ guitar　エ playing　オ girl　カ the) singing [*] over there?

    B : Yes. That is Rumi, my sister's friend.

(3) A : Why do you like the book?

    B : Because it (ア written　イ the　ウ reading　エ eyes　オ through　カ is) of a little dog.

(4) A : Do you (ア that　イ think　ウ want　エ to　オ me　カ open) door?

    B : Thank you. You are very kind.

[*] tournament　トーナメント　　over there　向こうで

(1) [   ] [   ]　(2) [   ] [   ]

(3) [   ] [   ]　(4) [   ] [   ]

問　次の（1）～（12）の対話文が完成するように，[　　　]の中の語（句）を正しい順番に並べかえ，その英文を書きなさい。

(1)　A : Last year my parents and I stayed in a small town in Australia for one week.

　　　B : Oh, how was it?

　　　A : The town was very beautiful and the people there were very friendly. I really want to visit it again to know [the country and the people / more / living / about] there.

(2)　A : It rained very hard after *juku* yesterday. I didn't have an umbrella and I couldn't go home at that time.

　　　B : So, what happened then?

　　　A : My best friend said, "Please get in my mother's car." And her mother took me home.

　　　B : I think that [is / good friends / thing / important / an / having].

(3)　A : What were you doing when I called you last Sunday? No one answered.

　　　B : My father and I were *climbing Mt. Fuji.

　　　A : Mt. Fuji?

　　　B : Yes, it was very beautiful! The *scenery [the top of / was / from / changing / seen / the mountain] every hour.

　　　＊climbing ～ : ～に登っている　　　scenery : 景色

(4)　A : I like English very much, and I sometimes read books written in easy English.

　　　B : That's nice! You can also learn foreign cultures from them.

　　　A : Yes. But I still can't speak English well.

　　　B : Mm.... I think reading a book in [from / a foreign language / is / different / speaking the language].

(5)　A : I heard you've lived in Japan for five years!

　　　B : Yes, that's right. Before I *entered this school, I studied Japanese for two years.

　　　A : Oh, really! And is this your picture taken in your country?

　　　B : Yes. The [showing / my / you / picture / I'm / is] family's.

　　　＊entered ～ : ～に入学した

(6)　A : I found a *novel on your desk, Dad. Did you read it?

　　　B : Yes. Do you want to read it?

　　　A : Yes, Dad.

B : Good. But I have another book here. It is a *manga* about the history of Japan. A good *manga*

[is / interesting / by / a famous writer / written / as] as a novel.

＊novel：小説

(7) A : I think you have a friend from China.

B : Yes. We've known each other for twenty years.

A : Wow! Can you [help / him / with / ask / me / to] my Chinese homework?

(8) A : When I came to Japan, I had a *trouble with my *apartment on my second day.

B : So what did you do then?

A : I called the *city hall. And I [with / English / talked / understood / someone / who]

because I couldn't speak Japanese at that time.

＊trouble：問題　　apartment：アパート　　city hall：市役所

(9) A : Did your sister come back from Canada?

B : Yes. She said she really had fun. Last night, she showed me a bag [she / taken / bought

/ and / some pictures] there.

A : That's great.

(10) A : Our father's birthday comes soon, right?

B : Yes. Let's give him a present.

A : Sure. But I [for / he / don't / wants / what / know] his birthday.

(11) A : My friends and I like volunteering very much. Last Sunday, we cleaned a big park in our town.

And yesterday, we went to the beach to *pick up cans.

B : Oh, I did volunteering too. Last month, I went to a *nursing home to help old people.

A : That's great. I think we [make / to / can / something / this town / do] better.

＊pick up ～：～を拾う　　nursing home：老人ホーム

(12) A : It took me so much time to do the math homework last night.

B : It was difficult for me too.

A : But our teacher always says that no question [to / difficult / too / if / is / answer] we think

about it *enough.

＊enough：十分に

《解答》

(1) I really want to visit it again to know (more about the country and the people living) there.

(2) I think that (having good friends is an important thing).

(3) The scenery (seen from the top of the mountain was changing) every hour.

(4) I think reading a book in (a foreign language is different from speaking the language).

(5) The (picture I'm showing you is my) family's.

(6) A good *manga* (written by a famous writer is as interesting) as a novel.

(7) Can you (ask him to help me with) my Chinese homework?

(8) And I (talked with someone who understood English) because I couldn't speak Japanese at that time.

(9) Last night, she showed me a bag (she bought and some pictures taken) there.

(10) But I (don't know what he wants for) his birthday.

(11) I think we (can do something to make this town) better.

(12) But our teacher always says that no question (is too difficult to answer if) we think about it enough.

〈日本語訳〉

(1) この国やそこに住む人々についてもっと知るために，もう一度この国を訪れたい。

(2) いい友人を持つことは大切なことだと思う。

(3) 山頂から見える景色は，刻々と変化していた。

(4) 外国語の本を読むことは，その言語を話すこととは違うと思う。

(5) お見せしている写真は私の家族のものです。

(6) 有名なマンガ家が描いたすばらしいマンガは，小説と同じくらい面白い。

(7) 彼に，中国語の宿題を手伝ってくれるよう頼んでくれる？

(8) そして，当時は日本語が話せなかったので，英語がわかる人と話した。

(9) 昨夜，彼女が買ったバッグとそこで撮った写真を見せてくれた。

(10) でも，彼が誕生日に何を欲しがっているのかわからない。

(11) この町をより良くするために，何かできると思うんだ。

(12) でも私たちの先生はいつも，十分に考えれば，答えられないほど難しい質問はないと言っています。

形容詞・副詞の比較変化表

No.	原　級	比較級	最上級	意　味
1	hard	harder	hardest	難しい・固い
2	difficult	more difficult	most difficult	難しい
3	easy	easier	easiest	易しい・簡単な
4	high	higher	highest	（山・建物等が）高い
5	tall	taller	tallest	（背や建物等が）高い
6	kind	kinder	kindest	親切な・優しい
7	busy	busier	busiest	忙しい
8	happy	happier	happiest	うれしい・幸せな
9	pretty	prettier	prettiest	かわいい
10	beautiful	more beautiful	most beautiful	美しい
11	wonderful	more wonderful	most wonderful	素晴らしい
12	poor	poorer	poorest	貧しい・かわいそうな
13	small	smaller	smallest	小さい
14	big	bigger	biggest	大きい
15	large	larger	largest	大きい・広い
16	hot	hotter	hottest	暑い・熱い
17	good	better	best	良い・上手な
18	well	better	best	上手に・上手く
19	many	more	most	（数が）たくさんの
20	much	more	most	（量が）たくさんの
21	interesting	more interesting	most interesting	面白い
22	popular	more popular	most popular	人気のある
23	famous	more famous	most famous	有名な
24	important	more important	most important	重要な・大切な
25	useful	more useful	most useful	役に立つ・便利な
26	carefully	more carefully	most carefully	注意深く・慎重に
27	slowly	more slowly	most slowly	ゆっくりと
28	quickly	more quickly	most quickly	素早く
29	fast	faster	fastest	速い・速く
30	early	earlier	earliest	早い・早く

不規則動詞変化表

No.	原　形	過去形	過去分詞	意　味
1	cut	cut	cut	〜を切る
2	put	put	put	〜を置く
3	hit	hit	hit	〜を打つ
4	read	read	read	〜を読む
5	hurt	hurt	hurt	痛む
6	sit	sat	sat	座る
7	get	got	got	〜を得る・手に入れる・〜になる
8	forget	forgot	forgotten	〜を忘れる
9	find	found	found	〜を見つける・AがBだと分かる
10	hold	held	held	〜を抱く・持つ・（パーティ）を開く
11	stand	stood	stood	立つ
12	understand	understood	understood	〜を理解する・〜だと分かる
13	make	made	made	〜を作る・AをBにする
14	have	had	had	〜を持っている・〜を食べる
15	hear	heard	heard	〜と聞く・〜が聞こえる
16	lose	lost	lost	〜を失う・なくす
17	send	sent	sent	（人にもの）を送る
18	lend	lent	lent	（人にもの）を貸す
19	spend	spent	spent	（時）を過ごす・（金）を費やす
20	build	built	built	〜を建てる
21	keep	kept	kept	〜を飼う・AをBにしておく
22	sleep	slept	slept	眠る
23	leave	left	left	〜を離れる・出発する・AをBにしておく
24	mean	meant	meant	〜を意味する
25	meet	met	met	〜に会う・〜を出迎える
26	feel	felt	felt	〜を感じる
27	tell	told	told	（人に情報）を伝える・話す・言う・教える
28	sell	sold	sold	〜を売る
29	say	said	said	（台詞等）を言う
30	pay	paid	paid	（金）を支払う
31	buy	bought	bought	〜を買う
32	bring	brought	brought	（人にもの）を持ってくる
33	think	thought	thought	〜を考える・〜と思う
34	teach	taught	taught	〜を教える

No.	原　形	過去形	過去分詞	意　味
35	catch	caught	caught	〜を捕まえる
36	become	became	become	〜になる
37	come	came	come	来る（話し手の方に行く）
38	run	ran	run	走る
39	swim	swam	swum	泳ぐ
40	drink	drank	drunk	〜を飲む
41	sing	sang	sung	歌う
42	begin	began	begun	始まる・〜を始める
43	grow	grew	grown	成長する・育つ
44	know	knew	known	〜を知っている・〜が分かる
45	throw	threw	thrown	〜を投げる
46	fly	flew	flown	飛ぶ・〜を飛ばす
47	draw	drew	drawn	（ペンで絵を）描く ⇒ 筆で描くのは paint
48	blow	blew	blown	吹く
49	break	broke	broken	〜を壊す・割る
50	speak	spoke	spoken	（言葉）を話す
51	eat	ate	eaten	〜を食べる
52	give	gave	given	（人にもの）を与える・あげる
53	drive	drove	driven	〜を運転する
54	rise	rose	risen	昇る・上がる
55	ride	rode	ridden	〜に乗る
56	write	wrote	written	（字・手紙）を書く
57	choose	chose	chosen	〜を選ぶ
58	fall	fell	fallen	落ちる
59	take	took	taken	〜を連れて行く・取る
60	see	saw	seen	〜を見る・〜と会う
61	show	showed	shown	（人にもの）を見せる
62	go	went	gone	行く
63	do	did	done	〜をする
64	lie	lay	lain	横になる
65	lay	laid	laid	〜を横にする・（卵）を産む
66	be (is/am/are)	was/were	been	① （イコールの働き）「〜です」 ② （存在を表す）「〜がある・いる」

監修　弦巻 桂一

神奈川県生まれ。中央大学文学部文学科英米文学専攻卒業。平成元年、中萬学院に入社。中学受験、高校受験対象スクールの専任講師を経て、大学受験指導事業部へ異動。その後、小中学生対象の新規開校スクールや300名を超える大規模スクールの室長、高校受験指導事業部の英語科教科長として小4から中3までの英語の教材・模試・カリキュラムの作成、講師研修などを担当。また、中萬学院の業務の一環として、私立高校での土曜講座や公立小学校で小学生英語を担当するなど、塾以外のフィールドでも活躍。
現在は、鎌倉女子大学中等部・高等部の英語科教諭として教壇に立つ。

高校入試　7日間完成

塾で教わる

中学3年分の総復習　英語

2023年11月10日　初版発行

監修／弦巻 桂一

発行者／山下 直久

発行／株式会社KADOKAWA
〒102-8177　東京都千代田区富士見2-13-3
電話0570-002-301（ナビダイヤル）

印刷所／株式会社加藤文明社印刷所

製本所／株式会社加藤文明社印刷所

DAY 1 be動詞の文・There is [are] 〜.の文・人称代名詞

STEP 1

解答

⑴ イ　⑵ were　⑶ イ

STEP 3

解答

 ❶ ⑴エ　⑵イ　⑶オ　⑷ア　⑸ウ
❷ ⑴イ　⑵エ　⑶ウ　⑷ア　⑸オ
❸ ⑴ア　⑵ウ　⑶エ　⑷イ
❹ ⑴ア　⑵イ　⑶エ　⑷ウ　⑸オ

解説

❶
⑴ be from 〜 で「〜出身です」という意味。
⑸ 主語が Mai and Aya と複数で，last weekend「先週末」と過去のことを表すので，be動詞は were が適切。

❷
⑷「昨日，忙しかったですか」から，be動詞の過去の疑問文にする。疑問文は主語の前に be動詞を置くので，was が適切。答える文は短縮形の wasn't が適切。

❸
⑴ 名詞が an orange と単数なので，be動詞は is が適切。
⑶「1枚もありません」から，否定文にする。pictures が複数形なので，aren't が適切。not any 〜 は「1つの〜もない」という意味。

❹
⑷「あなたのもの」は yours，「私のもの」は mine で表す。

STEP 4

解答

 ❶ ⑴（They）are not from Japan（.）
⑵（It）was very cold last month（.）
⑶（Do）you know him（?）
　—（Yes,）he is my music teacher（.）
⑷ There is a gym in（my school.）
 ❷ ⑴（They are my sister and her friend. I）like them very（much.）
⑵（We）were in Tokyo last（week.）
⑶（Yesterday,）there was not a pencil（in my bag.）
⑷（How）many dishes are there（on the table?）
⑸（There）are three cats under（that tree.）

解説

❶
⑵ 天気は主語 it で表す。主語が単数で過去の文なので，be動詞 was を It に続ける。

❷
⑴ 1文目の my sister and her friend は複数なので，2文目では代名詞 them を使って表す。不要なのは her。
⑷「いくつの〜がありますか」は How many 〜? を使った疑問文で尋ねる。How many のあとに名詞を続ける。そのあとは There are 〜. の文の疑問文の語順で，are there となる。不要なのは much。

STEP 5

解答

 ❶ ⑴ I'm not［I am not］a high school student.
⑵ Were they in the yard an hour ago?
⑶ Are there any students in the classroom?
❷ ⑴ are　⑵ wasn't（was not）　⑶ are
❸ ⑴ ア　⑵ ウ　⑶ イ

解説

❶
⑴ be動詞の否定文は，be動詞のあとに not を置く。

「私は高校生ではありません」という文にする。

(2) be動詞の過去の疑問文にする。be動詞の疑問文は, be動詞を主語の前に置く。「彼らは1時間前に庭にいましたか」という文にする。

(3) There is [are] 〜. の文の疑問文は, be動詞を there の前に置く。疑問文では some を any に変えて any students とすることに注意。「教室に何人かの生徒がいますか」という文にする。

②

(2) busy は形容詞なので, be動詞の過去の否定文にする。主語は My brother なので be動詞は was が適切。

(3)「いくつ〜がありますか」は How many 〜? を使った There is 〜. の疑問文にする。名詞が libraries と複数なので, be動詞は are が適切。

③

(1)「〜がいます」は There is [are] 〜. の文で表す。名詞が 20 boys と複数なので, be動詞は are が適切。

(2)「彼のもの」は his で表す。

(3)「木の下にいる2匹の犬」は The two dogs を後ろから under the tree を用いて修飾する形。これら全体が主語となる。主語の中心は two dogs で複数なので, be動詞は複数に対応する are が適切。直前の単数名詞 tree にまどわされて is が正しいと思わないように注意。

STEP 1

解答

(1) to cook　(2) gave　(3) finishes [is finished]

STEP 3

解答

① (1) イ　(2) ア　(3) ア　(4) イ　(5) ア・イ
② (1) イ　(2) イ　(3) イ　(4) イ　(5) ア・ア
③ (1) ア　(2) ア　(3) イ　(4) ア
④ (1) ア　(2) イ　(3) ア　(4) ア　(5) ア

解説

①

(4) 主語が3人称単数現在なので, 動詞 have を has にする。have → has は不規則変化。

②

(3)「〜しませんでした」から一般動詞の過去の文にする。どんな主語でも一般動詞の過去の否定文は didn't [did not] を使う。

③

(1) be going to の be動詞は主語によって変える。

(4) 天気は主語 it で表す。next week より, 未来の文とわかるので, 〈will＋動詞の原形〉を使う。

④

(1) 命令文の動詞は原形。be動詞の原形は be なのでそのまま使う。

STEP 4

① (1)（Aya）is going to watch a movie
（tonight.）

(2) Did you see Haruto（yesterday?）—（Yes,
I）saw him at the park（.）

(3)（Please）come here and sit（down.）

② (1)（Kenta）wants a new computer（.）

(2)（My sister）didn't make dinner（yesterday.）

(3) Does your brother play basketball（every
day?）

(4) My brother and sister live in Hokkaido（.）

(5)（It）will not rain（tomorrow.）

(6) Are you going to play baseball（next
Saturday?）

解説

①

(2) 一般動詞の過去の疑問文はどんな主語でも did で
始める。答えの文は，動詞 see の過去形 saw を使
う。see は不規則変化の動詞。

②

(1) 主語 Kenta は3人称単数なので，動詞は wants が
適切。不要なのは want。

(4) 主語が my brother and sister と複数なので，動詞
は live が適切。不要なのは lives。

(5)「〜しないでしょう」は will の否定文で表す。will
not のあとに動詞の原形 rain を続ける。

(6) be going to の疑問文なので，不要なのは do。

STEP 5

① (1) My mother plays the piano every day.

(2) Are they going to go to the zoo tomorrow?

(3) My father didn't read comic books.

② (1) went　(2) get　(3) are you

③ (1) **ア**　(2) **ウ**　(3) **イ**

解説

①

(1) 主語が My mother という3人称単数の一般動詞の
文にする。もとの文の play を plays に変える。「私
の母は毎日ピアノを弾きます」

(3) 一般動詞の過去の否定文には didn't を使う。didn't
のあとには動詞の原形がくることに注意。「私の父
はマンガ本を読みませんでした」

②

(2) サヤカに呼びかける命令文なので，動詞の原形を
使う。

(3)「〜する予定ですか」は be going to 〜の疑問文で
表す。What＋名詞のあとに be going to 〜の疑問
文の語順で続けるので，What book are you going
to read? となる。

③

(1)「〜する予定です」は be going to 〜の文で表す。主
語が My sister and I と複数なので be動詞は are が
適切。

(2)「〜するとき」は when で表す。when を，この「〜
するとき」と訳すときは，未来のことは現在形であ
らわす。主語に合わせて arrives とするのが適切。

(3)「〜しましたか」は一般動詞の過去の疑問文で表す。
疑問詞 what「何を」で文を始め，そのあとに一般
動詞の過去の疑問文の語順で続ける。**イ**の do を
did に変える。

3 助動詞・いろいろな動詞

STEP 1

解答

(1) ア　(2) ア　(3) ア→ウ→イ→エ→オ

STEP 3

解答

① (1) ア　(2) ア　(3) イ　(4) ア　(5) ア
② (1) イ　(2) ア
③ (1) ア　(2) イ　(3) ア　(4) ア　(5) イ
④ (1) ア　(2) イ　(3) イ

解説

①

(2)「〜してもいいですか」と相手に許可を求めるときは May I 〜? で表す。

(3)「〜しなければなりません」は have to 〜で表す。主語 He に合わせて have を has にする。

②

(1) S looks C で「S は C に見える」という意味。実際においしいかどうかではなく,見た目がおいしそうであることを意味する。

③

(1)「(人) に (もの) をあげる」は give ＋ (人) ＋ (もの) の語順で表す。

(2)「(人) に (もの) を見せる」は show ＋ (人) ＋ (もの) の語順で表す。(人) は代名詞の目的格を使うので,me が適切。

④

(3) S (その知らせ) V (〜にする) O (私たちを) C (幸せな) の形。O (私たち) ＝ C (幸せな) という関係になる。

STEP 4

解答

① (1)（We）don't have to go to school（on Saturdays.）
(2)（Look at this picture.）He looks very happy（.）
(3)（The museum has a special event now.）—That sounds interesting（.）
(4)（I）showed my friend my textbook（.）
(5)（What）do you call this tool in Japan（?）
② (1)（You）must not eat（too many cookies.）
(2)（What's wrong? He）looks so sad（.）
(3)（Mr. Kato）always tells us interesting stories（.）
(4)（I）sent a letter to my friend（.）
(5)（His words）made her angry（.）

解説

①

(1)「〜しなくてよい」は don't have to 〜の文で表す。

(3) That sounds interesting. で「面白そうですね」という意味。That sounds nice.「よさそうですね」などもよく使われる。

②

(1)「〜してはいけません〈禁止〉」は must not で表す。不要なのは do。

(3)「(人) に (もの) を話す」は tell ＋ (人) ＋ (もの) で表す。(人) が us「私たちに」,(もの) が interesting stories「面白い話」。不要なのは our。

(4)「(人) に (もの) を送る」は send ＋ (もの) ＋ to ＋ (人) で表せる。不要なのは for。

STEP 5

解答

① (1) May［Can］I have lunch here?
   (2) She doesn't look well.
   (3) I bought some books for my mother.
② (1) has (2) to (3) May
③ (1) ア (2) ウ (3) ウ

解説

①

(1)「〜してもいいですか」と許可を求める助動詞は
  mayかcanを使う。
(2)「彼女は元気そうに見えます」を否定文「彼女は元
  気そうに見えません」にする。Sheのあとに一般動
  詞の現在の否定文を続ける。doesn'tのあとは動詞
  の原形lookを続けることに注意。

②

(2)「（人）に（もの）をあげる」はgive＋（もの）＋
  to＋（人）で表せる。forを使うものと, toを使う
  ものがあるので注意。人がいないとできない動作に
  はtoを使う。
(3)「〜してもよい」は助動詞mayを使って表す。must
  では「〜しなければなりませんか」ときいている文
  になる。

③

(1)「〜しなければなりませんか」はhave to 〜の疑問
  文で表す。mustは助動詞なので疑問文・否定文を
  つくるときにはdoを用いない。
(2)「（人）に（もの）を見せる」はshow＋（人）＋
  （もの）の語順で表す。（人）は代名詞の目的格を
  使って「〜に」を表すのでmeが適切。
(3)「（人）に（もの）への興味を持たせる」はmake
  ＋（人）＋interested in＋（もの）の語順で表す。
  「〜に興味を持った」はinterested inで表すので,
  この文では**ウ**の部分にinをつける必要がある。

DAY

4 進行形・受け身・現在完了形

STEP 1

解答

(1) ウ (2) ウ (3) エ

STEP 3

解答

① (1) イ (2) イ (3) イ (4) イ (5) ア
② (1) ア (2) イ (3) イ (4) ア (5) イ
③ (1) ア (2) ア (3) ア (4) イ (5) イ

解説

①

(2)「〜していました」はwas［were］＋動詞のing形
  の過去進行形で表す。主語Iに続くbe動詞の過去
  形はwasが適切。

②

(1)「〜される」はbe動詞＋過去分詞の受け身の形で
  表す。use「使う」の過去分詞はused。
(3)「〜されるでしょう」は未来の受け身の文で表す。
  willのあとにbe動詞の原形beを続け, そのあとに
  過去分詞を続ける。

③

(2)「〜したことがある〈経験〉」はhave＋過去分詞の
  現在完了形の文で表す。主語に合わせて, haveを
  hasにする。
(3)「〜したことがない〈経験〉」はhave＋never＋過
  去分詞で表す。neverは「一度も〜ない」という
  意味。
(5)「〜しています〈動作の継続〉」はhave been＋
  〜ingの現在完了進行形で表す。「2年間」と期間
  を表すときはforを使う。

STEP 4

(1) This car was washed by my mother（last week.）

(2)（What）is Haruto doing in his room（?）

(3)（This song）is loved all over the world（.）

(4)（I）have seen kabuki once（.）

(5)（What）language is spoken in Spain（?）

(1)（When you called me,）I was taking a bath（.）

(2)（Kyoto）is visited by many people（.）

(3)（Kazuya）has never been late for school（.）

(4)（I）have just made dinner（.）

(5) These letters weren't written in English（.）

(1)「～されました」は過去の受け身の文で表す。「（人）によって」はby＋（人）を使う。

(3) all over the worldで「世界中で」という意味。よく使われるので覚えておくといい。

(4) onceは「1度」という意味。

(2)「～されます」は受け身の文で表す。be動詞のあとに過去分詞visitedを続けるのが適切。不要なのはvisits。

(3) be late for ～「～に遅刻する」という熟語を使った現在完了形の否定文。never「一度も～ない」を用いるのが適切。不要なのはhasn't。

(4)「～しました〈完了〉」は現在完了形で表す。just「ちょうど」をhaveと過去分詞の間に置いて使う。不要なのはyet「もう，まだ」。yetは否定文や疑問文でよく使われる。

STEP 5

(1) English is spoken by many people.

(2) I'm[I am] not playing the piano.

(3) I haven't[have not] cleaned my room yet.

(1) wasn't[was not]　(2) will be used

(3) has

(1) ア　(2) イ　(3) ウ

(1)「英語は多くの人に話されています」という文を作る。主語Englishのあとにbe動詞is，続いてspeakの過去分詞spokenがくる。

(3)「私はまだ部屋を掃除していません」という現在完了形〈完了〉の否定文を作る。haveのあとにnotを続ける。yet「まだ」は文末に置く。

(1)「～していませんでした」なので過去進行形の文が適切。wasn't[was not]を使う。

(3) 現在完了形〈継続〉の疑問詞で始まる疑問文。主語であるyour familyは単数なのでhasを使うのが適切。

(1)「～していましたか」は過去進行形の疑問文で表す。Was it ～? とする。天気を表す文の主語はitになることに注意。

(2)「～されています」は受け身の文で表す。takeの過去分詞はtaken。take care of ～で「～の世話をする」という意味。

(3)「今朝6時から」はsince 6 o'clock this morningで表す。

STEP 1

解答

(1) エ (2) エ→イ→ア→ウ→オ (3) ア

STEP 3

解答

① (1) ア (2) イ (3) ア (4) ア
② (1) イ (2) ア (3) イ
③ (1) イ (2) イ (3) ア (4) ア
④ (1) ア (2) ア (3) イ

解説

①
(1)「〜より面白い」は比較級more interestingで表す。
(3)「〜よりよい」はgoodの比較級であるbetterで表す。
②
(1)「AなのでB」はB because Aで表す。AもBも主語+動詞を含む形になることに注意。
③
(1)現在の事実とは異なる「もし〜なら, …だろう」はIf+主語+過去形〜, 主語+助動詞の過去形+動詞の原形〜.の仮定法で表す。
(2)「〜であればいいのに〈願望〉」はI wish+仮定法で表す。
④
(1)間接疑問の文は文の途中に疑問詞+主語+動詞の語順がくる。

STEP 4

解答

① (1) (I) don't know what time the movie starts (.)
(2) (The new smartphone) is more expensive than the old one (.)
(3) (Today) is not as warm as (yesterday.)
(4) (I ate dinner early) because I was hungry (.)
(5) (I) wish Ami could come to the party (.)
② (1) (Your bag) is not heavier than mine (.)
(2) (I couldn't) go to the park because I had to (study.)
(3) (Lake Toya is) not as large as Lake Biwa (.)
(4) (If it were fine today,) we could go to the amusement park (.)
(5) Do you know why she is busy (?)

解説

①
(1)間接疑問の文,「その映画が何時に始まるのか」はwhat time the movie startsで表す。
(2)「〜より…だ」は比較級で表す。the old oneのoneは前にすでに出ているsmartphoneを指す。
(5)「〜であればいいのに〈願望〉」はI wish+仮定法で表す。仮定法の部分は, 過去形を使うことに注意。
②
(1)「私のもの」はmineで表す。不要なのはme。
(3)「〜ほど…ではない」はas … as 〜の否定文で表す。不要なのはthan。
(4)現在の事実とは異なる「もし〜なら, …だろう」はIf+主語+過去形〜, 主語+助動詞の過去形+動詞の原形〜.の仮定法で表す。不要なのはcan。

解答

1. (1) I am the happiest man in the world.
   (2) Do you know what Kate likes?
   (3) I'll study English hard because I want to work abroad.
2. (1) lived　(2) that　(3) the best
3. (1) イ　(2) ア　(3) ウ

解説

1

(1) 形容詞 happy の最上級は the happiest で表す。
(2) 「あなたはケイトが何を好きか知っていますか」という間接疑問の文を作る。疑問詞 what のあとは主語 Kate と動詞 likes を続ける。動詞を主語に合わせて likes の形にすることに注意。

2

(2) 「～だと思う」は think that ～で表す。この that は省略することもできる。hope that ～「～だと願う」know that ～「～だと知っている」などもよく使われる。
(3) like ～ the best で「～がいちばん好き」という意味。

3

(1) 「もし～なら，…だろう」は If ＋主語＋過去形～，主語＋助動詞の過去形＋動詞の原形～. の仮定法で表す。イの can を could にする必要がある。
(2) 「～でないと思う」は I am afraid（that）以下の部分を否定形にする。「彼は来ないだろう」は he won't come で表す。
(3) 最上級の範囲や対象は in や of を使うが，具体的な複数形を表す語句の the three には of が適切。in は Japan や my family などの際に使う。

DAY 6 不定詞・動名詞

STEP 1

解答

(1) to practice　(2) finished　(3) listening

STEP 3

解答

1. (1) イ　(2) ア　(3) ア　(4) イ
2. (1) ア　(2) ア　(3) ア
3. (1) イ　(2) ア　(3) イ
4. (1) ア　(2) イ　(3) ア　(4) イ

解説

1

(1) 「～になること」は to be ～で表す。

2

(2) be good at ～ing で「～することが得意だ」という意味。

3

(1) finish は動名詞を目的語にとる動詞。ほかにも enjoy「楽しむ」practice「練習する」stop「やめる」などがある。
(2) want は不定詞を目的語にとる動詞。

4

(1) how to ～で「～する方法」という意味。
(2) It is ... for ＋（人）＋to ～で「（人）にとって～することは…である」という意味。
(3) 「（人）に～するよう言う」は tell ＋（人）＋不定詞で表す。

STEP 4

解答

❶ (1)（I）like to take care of（children.）
(2)（Why did you go to the park?）—To play the guitar（.）
(3)（I have）a lot of letters to read（.）
(4)（I）started playing the piano when（I was four.）
(5)（It is fun）for me to dance outside（.）

❷ (1)（To）play volleyball with friends is（fun.）
(2)（Did）you finish washing your shoes（?）
(3)（How）about watching a movie today（?）
(4)（I）want to learn how to dance（samba.）
(5)（My brother）asked me to make a cake（.）

解説

❶

(2) Why 〜? に対して「〜するためです」と答えるときに，不定詞を使うことができる。To を文頭に置き，そのあとに動詞の原形を続ける。

(3)「〜するべき」は不定詞の形容詞用法で表す。a lot of letters「たくさんの手紙」の後ろに to read「読むべき」を置く。

❷

(1) 不定詞が主語になる文。To play volleyball with friends「友達とバレーボールをすること」を主語にし，そのあとに be 動詞を続ける。不定詞の主語は単数扱いなので，be 動詞が is になることに注意。不要なのは are。

(3) How about 〜?「〜するのはどうですか？」に続くのは動名詞。不要なのは watch。

(4) want to「〜したい」how to dance「踊り方」の2つの不定詞が含まれる文。不要なのは for。

(5)「（人）に〜するよう頼む」は ask ＋（人）＋不定詞で表す。ask のあとの（人）が代名詞の場合は目的格がくる。不要なのは made。

STEP 5

解答

❶ (1) I wanted to be a journalist.
(2) I have nothing to drink.
(3) My sister went to the supermarket to buy some eggs.

❷ (1) seeing　(2) for　(3) to carry

❸ (1) ア　(2) イ　(3) イ

解説

(1) 動詞 want を過去形 wanted にして「私はジャーナリストになりたかった」という文にする。to のあとの動詞は過去の文でも原形であることに注意。

(3)「私の姉［妹］はたまごを買うためにスーパーマーケットに行きました」という不定詞の副詞用法を使った文にする。and 以下を to buy some eggs「たまごを買うために」として，前半の文につなげる。

❷

(1) enjoy は目的語に動名詞をとるので，seeing が適切。

❸

(1)「〜によって」は by ＋動名詞で表す。「本を読んで」の部分が，「将来やりたいことを決めた」きっかけとなる。

(2)「（人）に〜してほしい」は want ＋（人）＋不定詞で表す。イ の to が不要。

(3)「泳ぎ方」は how ＋不定詞で表せる。how to swim が適切。

7 後置修飾・関係代名詞

STEP 1

解答

⑴ ウ　⑵ ウ　⑶ エ→ア→オ→ウ

STEP 3

解答

❶ ⑴ ア　⑵ ア　⑶ ア　⑷ イ　⑸ イ
　⑹ ア
❷ ⑴ ア　⑵ イ　⑶ イ　⑷ ア　⑸ ア
❸ ⑴ ア　⑵ イ　⑶ イ

解説

❶
⑵「～している…」は名詞 the woman の後ろに現在分詞を置いて表す。
⑷「～された…」は名詞 a picture の後ろに過去分詞を置いて表す。
❷
⑴「ギターを弾いている男性」を先行詞 The man に関係代名詞を続ける文で表す。先行詞 The man は「人」なので，関係代名詞は who が適切。
⑵「教えてくれるコーチ」を関係代名詞を使った文で表す。関係代名詞に続く動詞は先行詞に合わせるのでここでは単数に合う teaches が適切。
❸
⑴「ジェニーと走っている男の子」を関係代名詞を使って表すので，The boy「男の子」の直後が適切。この部分で主語の修飾となる。

STEP 4

解答

❶ ⑴ (What) is the language used (in your country?)
　⑵ (This) is the book Satoshi wrote (last month.)
　⑶ (The) dog that I saw at the park was (so cute.)
　⑷ (I lost) the bag my mother bought for me (last year.)
　⑸ (The) woman wearing a big hat is my sister (.)
❷ ⑴ (The city) which I visited in summer was (beautiful.)
　⑵ (I like) the cakes made by my father (.)
　⑶ (The) cards Ayako wants are (sold here.)
　⑷ (This) is the school that I go to (.)
　⑸ (Do you know) a teacher who can teach (judo?)

解説

❶
⑵「サトシが書いた本」は the book Satoshi wrote で表す。the book which[that] Satoshi wrote の，関係代名詞が省略された形。
⑸「大きな帽子をかぶっている女性」は The woman wearing a big hat で表す。
❷
⑴「夏に私が訪れた都市」は The city which I visited in summer で表す。この部分を主語とし，be動詞を続ける。先行詞 The city に合わせるので was が適切。不要なのは were。
⑶「アヤコが欲しがっているカード」は The cards Ayako wants で表す。この部分を主語とし，be動詞を続ける。先行詞 The cards に合わせるので are が適切。不要なのは want。

STEP 5

解答

① (1) This is a picture which I took before.
   (2) Those are the color pencils we used in the art class.
   (3) Look at the girl eating lunch.
② (1) likes (2) which〔that〕 (3) built
③ (1) ウ (2) ウ (3) ウ

解説

①

(1) a picture を先行詞にし, which I took before を続け, 「私が前に撮った写真」を表す。もとの文の it は a picture を指し, 重複するので関係代名詞を使った文では省略することに注意。

(2) the color pencils を先行詞にして「あれらは美術の授業で私たちが使った色えんぴつです」という文を作る。

(3) 現在分詞を用いて「あの昼食を食べている少女を見てください」という文を作る。

②

(1) 関係代名詞に続く動詞は先行詞に合わせるので likes が適切。

(3) 「建てられた」は過去分詞を使うので, built が適切。

③

(1) 「〜女の子」が主語の文。主語に続く be 動詞は先行詞 The girl に合わせるので is が適切。

(2) 関係代名詞に続く動詞は先行詞 two sons「2人の息子」に合わせるので live が適切。

(3) 関係代名詞に続く動詞は先行詞 a friend に合わせるので speaks が適切。

入試実戦 ▸▸ 1回目

解答

① (1) イ (2) ア (3) ア (4) イ (5) ウ
② (1) イ (2) ア (3) ウ (4) エ
③ (1) エ→イ→ア→ウ (2) イ→オ→エ→ア→ウ
④ ① found ② getting ③ gave ④ better

解説

①

(1) 「音楽家」は musician。doctor「医者」scientist「科学者」

(2) 「春」は spring。autumn「秋」winter「冬」

(3) 「そうじする」は clean。close「閉める」watch「見る」

(4) 「役に立つ」は useful。funny「面白い」wrong「違った」

(5) 「ゆっくりと」は slowly。fluently「流ちょうに」quickly「素早く」

②

(1) 「あなたはご飯とパンのどちらを朝食に食べますか」A or B の2択の疑問文は疑問詞 which を使って表す。

(2) 「駅の近くの新しい図書館は素敵に見えます」「〜に見える」は〈look ＋形容詞〉の形で表す。

(3) 「彼女は学校に到着したとき, 冷たい水を飲みました」when 以下が過去形の文なので, drink「飲む」の過去形 drank が適切。

(4) 「私の祖父は大阪に住んでおり, 私は彼に2か月間会っていません」現在完了〈継続〉の否定文で,「(ずっと)〜していません」という意味を表す。

③

(1) 「ユミ：ナンシー, もし明日晴れるなら, 公園を散歩しましょう。楽しいですよ。／ナンシー：面白そうですね。あなたは私に何時に公園に着いてほしいですか。」「何時に〜」は What time 〜? で表す。そのあとに一般動詞の疑問文の語順で続ける。

(2) 「デイビッド：アキト, あれらの桜を見て！／アキト：美しいね。ぼくはすべての季節の中で春がいちばん好きだよ。」「〜がいちばん好き」は like 〜 the best で表す。「すべての季節の中で」は of all seasons で表す。

④

（英文の意味）

「未来：まあ，あなたは素敵なかばんを持っているわね。どこで見つけたの？／ルーシー：私は先週私の家の近くの新しい店でこれを見つけたの。これは私のお気に入りのブランドよ。／未来：そのブランドを知っているわ。デザインが好きよ。それはとても有名だから，手に入れるのは難しいんじゃない？／ルーシー：そうなの。まあ，あなたも新しいかばんを持っているわね。今までこのようなデザインを見たことがないわ。／未来：この小さなかばんは私のおばあちゃんによって作られたの。彼女は先月私にこれをくれたの。このようなタイプの小さなかばんは日本でがま口と呼ばれているよ。／ルーシー：がま口？ それは何？／未来：それはヒキガエルの口という意味よ。広く開くから，小さなものをこの中に入れるのが簡単なの。私はこのがま口は私の古いかばんよりいいと思うわ。」

① 直前で未来がWhere did you find it?と過去形で聞いているので答える文も過去形foundにするのが適切。

② (get) itを主語にする文だと考える。「手に入れること」を表すgettingかto getが入るが，設問文に英語1語と指定があるので，gettingが適切。

③ 同じ文にlast month「先月」と過去を表す語句があるのでgiveを過去形gaveにするのが適切。

④ 直後にthan my old bag「私の古いかばんよりも」とあるので，比較の文だと考える。goodの比較級はbetter。不規則変化する語なので要注意。

解答

❶ A May　B famous　C sure

❷ (1) エ　(2) ウ

❸ (1) useful　(2) bought

(3) オ→イ→ウ→ア→エ

(4) ア→エ→オ→ウ→イ

(5) エ→オ→イ→ウ→ア

❹ ① met　② began

解説

❶

（英文の意味）

「こんにちは，ジェニー，元気ですか？ 来週末に吹奏楽部のコンサートがあります。こちらが情報です。日付：5月13日（土）／開演：午後1時30分 場所：彩中学校体育館 私たちはたくさんの有名な音楽を演奏します。きっとあなたはいくつかの曲を知っていると思うので，聞くのを楽しめます。コンサートに来られますか？ あなたのお友達やご家族と一緒に来るのはいかがですか？

あなたの友達，ミカ」

A「5月」はMay。

B「有名な」はfamous。

C「きっと～と思って」はsure。

❷

(1)「マーティ：エミ，理科のテストはどうだった？／エミ：すごく難しかったけれど，最善を尽くしたわ」マーティの質問に対してエミが感想を答えているので，「～はどうだった？」を表すHow was ～?になると考える。

(2)「アツシ：窓のそばで絵を描いている女の子は誰？／リリー：彼女は私のクラスメイト，オリビアよ。」painting a picture by the window「窓のそばで絵を描いている」がthat girlを後ろから修飾する形。

❸

(1) 形容詞のusefulを入れて，「とても役に立つ」という文にする。

(2) 過去形のboughtが当てはまる。

(3)「A：あなたのお姉さんは何歳ですか？／B：彼女は19歳，私より4歳年上です。」Bが「19歳です」と

答えているので，年齢をたずねる疑問文にする。How old 〜? で「何歳ですか?」という意味。How old is your sister? とする。

⑷「A：あなたは，来週2人の新しいクラスメイトが来ることを知っていますか?／B：はい，知っています。私はその知らせにとても驚きました。」(I) was very surprised at the news (.) とする。

⑸「A：あなたは彼らが誰か知っていますか?／B：彼らは人気のあるダンサーです。」「〜かを知っていますか」という間接疑問の文にする。who以下は肯定文の語順になることに注意。(Do) you know who they are (?) とする。

④

（英文の意味）

「私は人生でたくさんの人に会ってきました。そしてその中で1人決して忘れることのない人がいます。彼は私のクラスメイトの1人でした。彼は私が中学生のときに私の学校へ来ました。(中略)すぐに，マウロの順番がきて，それは私たちのクラスの最後のスピーチでした。彼は前へ行き，スピーチを始めました。彼は『教育は私の人生でいちばん大事なことです』と言いました。(後略)」

① 〈have＋過去分詞〉の現在完了を使って表す。meet「会う」の過去分詞はmet。

② 同じ文の前半のwentはgo「行く」の過去形。それに合わせてbegin「始める」の過去形beganにする。

解答

❶ ⑴ウ ⑵ウ ⑶イ ⑷ア ⑸イ

❷ ⑴ウ ⑵イ ⑶イ ⑷ウ ⑸ウ

❸ ⑴ 3番目：エ 5番目：ウ

⑵ 3番目：カ 5番目：イ

⑶ 3番目：ウ 5番目：ア

⑷ 3番目：ウ 5番目：カ

❹ ① known ② tried ③ using

④ cheaper

解説

❶

⑴「図書館」はlibrary。airport「空港」factory「工場」

⑵「窓」はwindow。box「箱」house「家」

⑶「来ました」はcomeの過去形came。began「begin（始める）の過去形」wrote「write（書く）の過去形」

⑷「速く」はfast。late「遅く」well「上手に」

⑸「空腹の」はhungry。angry「怒って」sleepy「眠たい」

❷

⑴ 主語がthose textbooksと複数なのでbe動詞はAreが適切。

⑵「受け取りました」という過去の文なのでreceive「受け取る」の過去形receivedが適切。

⑶「〜よりも速く」という比較の文。fast「速く」の比較級はfaster。

⑷ Speaking in front of people「人々の前で話すこと」が主語になる文。動名詞speakingで「話すこと」を表す。

⑸ 〈have＋過去分詞〉の現在完了〈経験〉の文で表す。eat「食べる」の過去分詞はeaten。

❸

⑴「A：たくさんの人々が世界中で英語を使います。／B：そうですね。英語は多くの人によって第1言語として話されます。」(English is) spoken by many people as (their first language.) と受け身の文にする。不要なのはuses。

⑵「A：あなたは，子どものころに何になりたかったですか?／B：医者です。私はたくさんの人を助ける

ことに興味がありました。」（What）did you want to be（when you were a child?）と不定詞 want to be ～を用いた文にする。不要なのは work。

(3)「A：私は新しいコンピュータを買いたいのですが，どれを買うべきか決められません。／B：まあ，私に手伝わせてください。」（～ but I can't）decide which one I should（buy.）とする。I should buy が which one（＝ computer）を後ろから修飾する形。不要なのは to。

(4)「A：あなたはピアノを弾けますか？／B：少しだけ。でも，もっと上手に弾けたらなぁと思います。」（But I）wish I were better at（playing it.）と仮定法の文で表す。〈I wish I were ～〉で「～ならいいのに」という意味。不要なのは could。

（英文の意味）
「健：私たちはゲームを始めるときにときどきじゃんけんをします。日本ではたくさんの人に知られています。あなたはそれを知っていますか？／ルーカス：はい，少し知っています。でも一度もやってみたことがありません。／健：あなたの国ではどうやってゲームを始めるのですか？／ルーカス：私たちはふつう，コインを投げます。試合の主審がします。／健：おお，私はそれを前にテレビで見たことがあります。サッカーの国際試合で，主審が特別なコインを使っていました。私はあのコインが欲しいです。／ルーカス：投げるためのコインを買うことができますよ。おそらく300円くらいです。／健：本当に？　私が思っていたより安いです。国の違いを知るのは興味深いですね。」

①「日本で知られている」は受け身の文〈be 動詞＋過去分詞〉で表す。know「知っている」の過去分詞は known。

②〈have ＋ never ＋過去分詞〉で現在完了〈経験〉の否定文にする。try「試す」の過去分詞は tried。

③「サッカーの国際試合で，主審が特別なコインを（　　）」のかっこ内にあたる部分を考える。直前に be 動詞の過去形 was があるので過去進行形にするのが適切。use「使う」の現在分詞は using。

④直後に than があるので比較の文だと考える。cheap「安い」の比較級は cheaper。

【解答】

 A science　B brother　C July　D stars

② (1)イ　(2)エ

③ (1)3番目：ア　5番目：ウ
　(2)3番目：カ　5番目：イ
　(3)3番目：オ　5番目：エ
　(4)3番目：エ　5番目：ア

【解説】

①
A「科学」は science。
B「兄」は brother。
C「7月」は July。
D「星」は stars。many「たくさん」が直前にあるので複数形にすることに注意。

②
(1)「ジョン：来週の日曜日にラグビーの試合をテレビで見るつもりですか？／タクミ：ああ，日本代表チームの？／ジョン：そうです。あなたはそれを見るべきです！（そのゲームで興奮すると思います。）／タクミ：私の家でいっしょにそれを見るのはどうですか？」会話の流れを考え，ラグビーの試合を見ることをすすめる文が適切。
ア「私はすでにその試合を見ました。」
ウ「私はそのラグビーの試合に出ます。」
エ「私はあなたにその試合で勝ってほしいです。」

(2)「母：トム！　エミリー！　これらのかばんを運ぶのを手伝ってちょうだい。／トム：もちろん。今日はたくさんの食べ物を買ったんだね。／母：ええ，明日のパーティのためにね。エミリーはどこ？／トム：彼女は部屋にいるよ。（彼女は3時間本を読み続けているよ。）／母：まあ，彼女は本当にあの本に興味があるのね。」会話の流れから，〈have ＋ been ＋ -ing〉の現在完了進行形の文が適切。
ア「彼女は何度もパーティに行ったことがあります。」
イ「彼女はそこで読む本を1冊も持っていません。」
ウ「彼女はあの店でもっと食べ物を買わなければなりません。」

③
(1)「A：誰がこの5人の中でいちばんよいテニス選手で

すか？／B：アヤです。彼女は先月，市のトーナメントで優勝しました。」（Who is）the best tennis player of（the five?）という最上級の疑問文にする。「5人の中で」はof the fiveで表す。不要なのはin。inはfamilyやJapanなどの範囲を表す単語の前におく。

⑵「A：あなたは，向こうでギターを弾いて歌っている女の子を知っていますか？／B：はい。あれはルミ，私の妹の友達です。」（Do you know the）girl playing the guitar and（singing over there?）という文にする。playing the guitarとsingingのふたつの現在分詞が後ろからthe girlを修飾する形。不要なのはbeen。

⑶「A：あなたはなぜその本が好きなのですか？／B：それは子犬の目を通して書かれているからです。」（Because it）is written through the eyes（of a little dog.）という受け身の文にする。不要なのはreading。

⑷「A：あなたは私にあのドアを開けてほしいですか？／B：ありがとうございます。あなたはとても親切です。」（Do you）want me to open that（door?）という文にする。〈want＋人＋不定詞〉で「（人）に〜してほしい」という意味。不要なのはthink。